KB021928

인간시대의 경영법

후나이식 경영법

머 리 말

나는 지금 다카나와(高輪) 프린스 호텔의 한 방에서 이 글을 쓰고 있다.

오늘 아침 니혼 경제신문(日本經濟新聞)의 광고란에 다음과 같은 출판 광고가 났다. 실은, 이런 광고가 오늘 아침에 나온다는 것을 나는 어젯밤까지 몰랐고, '후나이류 경영법(船井幸雄流經營法)'이라는 주제도, '앤티매스 시대의 시류 적응학'이라는 부제도 어젯밤 처음으로 들었던 것이다.

나의 수많은 저서 중에서 가장 잘 팔린 것이 1972년에 쓴 《변신상법(變身商法)》이다. 이미 30판은 거듭했지 않나 싶다. 뿐만 아니라 출판사에는 지금도 매일 이 책의 주문이 독자나 서점으로부터 몇 권씩 온다고 한다. 저자로서는 이렇게 기쁜 일은 없다. 그러나 실제로는, 지난 해부터 《변신상법》은 서점에서 찾아볼 수 없었고, 출판사인 비즈니스사(社)는 주문쇄도에도 불구하고 중판을 망서리고 있었다.

이유는, 《변신상법》은 오일쇼크 이전, 아직 일본이 고도성장을 구가하고 있었던 1972년에 쓴 것으로 오일쇼크에 수반하는 경제구조의 변혁으로 말미암아 내용면에서 다소 막히는 군데가 드러나 있었기 때문이다.

비즈니스사의 반바(番場) 사장으로부터는 "후나이 선생, 빨리 개정판을 냅시다" 하고, 재작년부터 만날 때마다 독촉을 받아 왔다.

그러나 나 자신은 개정판을 만들더라도 반상반하(反上反下)의 어중간한 것이 될 것 같은 생각이 들어 내키지 않았고, 그보다도 새로운 것을 내는 쪽이 낫지 않을까 싶기도 하여 망서리고 있었다.

그런데 올해 들어 반바 사장으로부터 항의에 가까운 요청을 받게 되었다. 수천권 분의 주문표를 내밀어 보이고 "후나이 선생, 자 보시오, 이렇게 독자가 《변신상법》을 요망하고 있는데 어쩌시겠어요?" 하는 것이다. 그래도 시원한 대답을 하지 않자 "그럼 맡겨 주시겠어요?" 하고 다그쳤다. "그러지요, 반바 사장을 믿고 있는 터이니 맡기지요." 나는 이렇게 대답하고 말았다. 아마 올해 3월의 일이었지 싶다.

그 결과가 오늘 아침의 신문광고이다. 물론 그동안에 담당 편집자인 다나카 야치오(田中彌千雄)씨가 반바 사장의 지시에 따라 내 세미나에는 빠지지 않고 출석했다. 그리고 다나카씨의 노고에 의한 개정용 목록을 어젯밤에 받았다.

"이 어른이, 마침내 실력행사를 감행했군……"

다소의 불만은 있지만 그렇다고 언짢은 생각은 손톱 만큼도 들지 않았다. 오히려 웃음마저 떠오른다.

얼마 전에 내가 묵고 있는 이 방을 찾아와 두 시간쯤 담소하고 돌아간 주식회사 마루이(丸井)의 아오이 다다오(青井忠雄) 사장으로부터도 "후나이 선생, 두분 사이가 부럽군요. 반바 사장은 선생이 믿어 준다고 확신하니까 이런 일을 할 수 있는 것 아니겠어요. 선생도 무척 기뻐하고 있는 것 같고요. 반바 사장과 선생 사이와 같은 관계는 정말 멋있군요" 하고 칭찬까지 하였다. 물론 나도 기뻤다. 그러나 지금부터 상을 찡그리고서 다나카 야치오 씨가 열심히 적어 준 개정 목록을 보고 모자라는 데가 있으면 덧붙여서 훌륭한 책으로 출판할 작정이다.

나는 경영 컨설턴트를 직업으로 삼아 올해로 16년째를 맞았 다. 그동안 별의별 일이 많았다.

그런데 지금 돌이켜보면 전반의 수년간은 실패의 연속이었 다. 유통업계에서는 '후나이한테 가면 회사가 절단난다'고 일컬어 질 만큼 자주 실패했다.

그러던 것이 1969년 이래 현재까지는 지도라든가 예견, 혹은 어드바이즈의 결과가 빠짐없이 성공을 거듭하고 있다.

실패만 되풀이 하고 있던 것이 성공만 잇달아 하게 된 것이 다. 덕분으로 지금의 나는 경영 컨설턴트로서 비명을 지를 만큼 번창하고 있고, 수십 명의 내 회사=니혼 마케팅센터의 사원도 즐거운 비명을 지르고 있다.

세상에서도 이제는 내 실적이나 내 방식의 경영 방법이 화제가 되기 시작하고 일부는 평가도 받게 되었다. 그러나 나는 그것이 '후나이류 경영법'입네 하고 뻐길 만한 것이라고는 여기지 않는 다.

이 책의 제명은 그런 뜻에서는 솔직히 말해 쑥스럽다. 뿐만 아니라 광고에 난 부제인 '앤티매스 시대의 시류 적응학'은 아무 래도 내 마음에 들지 않는다. '앤티매스교(敎)의 교조'라는 것이 반바 사장의 '후나이평(船井評)'이지만, 나 자신은 '앤티매스가 절대선(絕對善)이다'라는 따위의 생각은 해본 적도 없다.

때로는 매스가 좋을 수도 있고, 앤티매스가 좋을 때도 있다.

'매스(대량) 이외의 것을 싸잡아서 부정하는 생각은 잘못이다' ……라고 주장해 왔을 뿐이다. 그래서 부제는 내가 끊임없이 주장하고 있는＝인간존중 시대의 변환자재 경영＝으로 해 주도록 요청했다.

아무튼 본서에서는 별장(別章)을 마련하여, 내가 이전에 실패만 하고 있었는데 도중에서 성공의 연속으로 전환한 그 노하우와 최근 생각하고 있는 바를 덧붙여서《변신상법》의 개제, 개정판에 대한 내 마음의 위로로 삼고 싶다. 동시에 독자의 요망에 부응하는 한 가지 보답으로 삼고 싶다.

나는《변신상법》발간 후에도 몇 권의 경영서를 냈다. 일반경영서로는《후나이류 경쟁법》《승자의 조건》이라든가《정공법 상법》을. 그리고 전문 경영서로는《후나이 유끼오의 소매법칙》이나《실천 소매 세미나》등등이다.

본서의 독자께서 꼭 읽어 주셨으면 하는 것은 이 중에서도 소매업 대상으로 쓴 두 권이다.《후나이 유끼오의 소매법칙》에는 '후나이 유끼오의 경영법칙 100개조'가 수록되어 있다. 그리고《실천 소매 세미나》의 제1장 '앞으로의 일본의 소매업 경영'은 그대로 '앞으로의 일본의 기업경영'으로서 읽더라도 거의 지장이 없다. 아무쪼록 본서와 아울러 읽어 주시기 바란다.

다가나와 프린스 호텔 1073호실에서

후나이 유끼오

제 1 장

시류적응의
후나이식 전략

1. 시류(時流)에 역행하는 기업은 망한다

시류 적응, 앤티매스
도쿄상법, 탈관리
탈조직

5대 신앙의 붕괴

1965년과 1975년은 불과 10년 차이에 불과하지만 이 사이에 경영에 관한 착안과 발상, 그리고 경영 수법에 있어서는 180°의 가치 전환이 이루어졌다. 먼저 표 1에 그 주요 변화를 살펴보자.

지난 1975년의 여러 사항은 예측되고 있었던 일이지만, 이제 이들 사항을 부정하는 사람은 거의 없어졌다.

돌이켜 보자. 1965년부터 현재까지의 10년 사이에 경영을 중심으로 보더라도 일본에서는 다섯 가지의 커다란 신앙이나 권위가 거짓말처럼 붕괴해 버렸다.

그 하나는, 과학적 관리법이 만능이라는 사상의 붕괴이다. 표준화, 분업화, 전문화, 단순화는 사람을 매체로 하는 분야에서 현재 능률을 올릴 수 없게 되어 버렸다. 재료 메이커는 그나마 괜찮다 하더라도 가공 메이커, 조립 메이커인 경우는 단순화·전문화·분업화 따위를 어떻게 인간성에 밀착시켜야 좋을지 갈피를 잡지 못하고 있다. 물품이 풍족해지고, 직업에서 삶의 보람을

〈표1〉 경영면으로 본 최선의 착안점과 발상법의 변화

이제까지의 시류		앞으로의 시류
(60년대 후반) 경영에서의 최선의 착안과 발상 (70년대 후반)		
부 족	물 품	과잉(1회 순환)
저(낮다)	소 득	고(높다)
잉 여	인 간	잉 여
제2차 산업	이익이 남는 일	제3차 산업
머천다이징	돈 버는 방법	인볼빙
코스트 개념(경비 절감)	사고방식	이익 개념
분업·전문·단순·표준화	일하는 방법	종합화, 개성화
엘리트형(종적인 형)	조직 운영	전원 경영(원형)
중앙 집권	조직 구조	분 권(分權)
매스 이론	중심 이론	앤티매스 이론
물 품	파는 것	만족(물품이 아닌 것)
원 가	도전 방향	판매가
스페셜리스트	중심 인재	올라운드 맨
돈을 얻기 위해(고통)	일에 대한 인식	삶의 보람을 위해(취미)
규칙, 명령, 분담	일시키는 방법	사고, 납득, 설득

찾는 시대가 왔으므로, 인간에게 사고(思考)의 여지를 남겨 주는 종합화나 개성화가 능률 향상에 최선임을 증명하고 있다.

둘째로, 매스(mass)＝대량방식이 최선이라는 생각의 붕괴이다.

일본에서는 1965년에서 67년에 걸쳐 대부분의 물품이 공급과잉 상태를 나타내기 시작했다. 물품의 과잉 생산이다.

예를 들어 신사복은 2,000만벌의 연간 생산 능력이 있으나, 적정 수요는 연간 900~1,000만벌이다. 그런데 아무리 억제하더라도 1,500만벌 이상은 생산된다. 따라서 대량판매점이나 세일 전문점 등에서는 두 벌에 1만엔(円)의 신사복이 판매되고 있다. 이와 같이 의·식·주 등 소비재 전반에 걸쳐 생산과잉 조짐이 나타나고 있다.

당연히 물품이 부족한 시대에 적용되던 매스 이론(계획적으로, 단일품목을 대량 생산하여 유통시키는 것이 최선이라는 이론)은 모든 곳에서 시류와 맞지 않게 되었다.

물량이 부족한 분야와 기계 중심의 재료 생산분야 이외에서는 이제 대량생산 방식이 베스트라는 사고방식은 완전히 붕괴해 버렸다.

세번째는 노동가치설의 붕괴이다. 오직 물품에만 경제가치가 있으며, 물품을 만드는 일이 노동력의 투하량에 비례한다고 생각되었던 시대에는 노동가치설이 훌륭히 통용했다. 그러나 지금은 물품을 기계가 만들고 있다. 노동력보다도 지혜 쪽이 물품을 만드는 주체의 자리를 차지하고 있다. 뿐만 아니라 물품보다도 물품 이외의 가치가 급격하게 상승하기 시작했다. 아름다움이라든가, 지혜라든가 정보 등등이 커다란 가치를 갖기 시작한 것이다.

노동가치설은 이미 과거의 것이 되어 버렸다.

네번째는 '부(富)의 추구'라는 경제학의 목적이 붕괴되었다. 경제학은 빈곤이야말로 죄악의 근원이라는 발상에서 부유한 생활을 추구해 왔다. 그러나 경제적 가치만으로 인간 모두를 평가하기에는 여러 면에서 부작용이 나타나게 되었다. 부유층의 범법자나 경제적 가치를 무시하는 사람들의 증가는 경제학의 목적을 수정하지 않을 수 없게 만들어 버렸다.

끝으로 다섯번째는 미국 지상주의(美國至上主義)의 붕괴이다. 현재 일본에서는 미국식 경영법이 모든 점에서 실정과 맞지 않는다. 특히 그들의 기계적인 인간관이 일본인에게는 전혀 생소한 것이 되어 버렸다. 잘라 말해 미국 지상주의는 붕괴해 버린 것이다.

70년대 후반형

기업경영의 기본 원칙은 시류에 적응하는 것이다. 시류에 적응하는 기업은 경영자나 사원이 보통 수준의 능력만 있어도 순조롭게 발전한다. 뿐만 아니라 기업의 순조로운 발전은 경영자나 사원의 능력까지 높여 준다.

반대로 시류 부적응의 기업은 아무리 우수한 경영자나 인재가 있더라도 특수한 경우(예컨대 으뜸간다거나 독점인 경우)가 아니면 이윤 추구가 불가능하다. 또한 우수한 인재의 능력마저 저하시키는 수가 허다하다.

1940년대 후반, 일류 대학을 졸업한 우수한 인재는 앞을 다투어 당시의 인기 업종이었던 석탄산업이나 영화 혹은 방직업, 또는 삼백(三白)이라고 일컬어지는 설탕·시멘트·비료 등의 산업에 뛰어들었다. 이들 기업은 그 우수한 인재를 확보하고도 기업 자체가 시류에서 벗어나고 있기 때문에 지금 어려운 경영을 계속하고 있다.

1950년대 후반부터 급성장한 슈퍼(대량판매점)업계에는 일반적으로 인재라고 불리는 사람들이 거의 없었다.

그러나 슈퍼업은 시류에 적응하였으므로 경이적으로 신장했다. 지금 이 업계에는 인재가 몰리고 있다. 하지만 시류 부적응과 더불어 그 업적은 하강 조짐을 보이고 있다.

이 같은 실례에서도 알 수 있듯이 기업은 시류에 적응하는 것만이 경영 성공의 하나의 기본이다.

그런데, 독자들이 자기 회사와 표 1을 비교해 보면 알겠지만, 지금 일본의 거의 모든 기업은 아직도 60년대 후반형을 답습하고 있다. 완강하게 60년대 후반형을 고집하고 있는 회사도 있다. 그러나 조직이라든가 인사에 있어서는 사람이 주체인만큼 별수 없이 70년대 후반형으로 근접시켜야겠다고 깨닫기 시작하고 있다. 멀지 않아 영업이나 상품 분야에도 미치게 될 것이다.

지금까지 좋았다고 해서 언제까지나 그 때의 기업 체질이나 방식에 시류를 맞추려고 드는 일은 이제 불가능하게 되어 가고 있다.

시대적인 흐름에 역행하면서 저항하는 일은 현명한 사람의 할 일이 아닌 것이다.

2. 이익을 얻기 위한 경영미래학

상품 생산, 잘못된 물자 유통
고부가가치 산업의 개척

돈벌이 미래학의 토론회

나는 코스모스 클럽이라는 회원제 단체를 주재하고 있다. 내 거래처 가운데 특히 친한 약 100개 회사가 회원인데 매월 도쿄와 오사카(大阪)에서 1회씩 사장님들과 저녁식사를 함께 하면서 정보 교환회 겸 연구회를 열고 있다.

이 클럽의 멤버 중에서 미래에 대하여 흥미가 있는 분들이

〈표2〉1980년의 시점에서 돈벌이가 되는 것=시류적응인 것과 돈벌이가
되지 않는 것=시류 부적응인 것

○ 돈벌이가 되는 것=시류 적응인 것

　　　① 종교적 색채를 지니는 것

　　　② 교양적인 것

　　　③ 교육 산업

　　　④ 정보 산업

　　　⑤ 본능 산업

○ 돈벌이가 되지 않는 것=시류 부적응인 것

　　　① 물품 만드는 업종(메이커)

　　　② 물품 파는 업종(유통업, 주로 도매상)

돈벌이 미래학에 관해 재미있는 결론을 냈다.

　토론회를 하고 나서 설문조사로 간추린 결과인데, 1980년을 상정(想定)하여 '돈벌이가 되는 것=시류에 적용하는 것과 돈벌이가 되지 못하는 것=시류에 적응하지 않는 것'을 대충 골라 보았다.

　표 2는 그 순위를 나타내고 있다.

　이 표에서 알 수 있는 것은 물품과잉 시내로 접어든 현재 이후에 물품에 관계되는 것은 별로 이익이 없다는 것이다.

　내가 일본의 주식공개 회사에 대해 조사하여 패턴화 한 것이 표 3인데, 1965년의 시점에서는 아직도 메이커가 완전히 일본 산업의 핵심이었고 이익도 톱을 차지하고 있었다. 메이커 중에서도 재료 메이커가 좋았다.

　그것이 가공 메이커로 중심이 옮아가다가 지금은 자동차나 약전기기(弱電機器) 제조업과 같은 조립(組立) 메이커가 아니면

〈표3〉 일본의 주식공개 회사 중 이익률이 높은 기업의 추이 패턴

다루는 물품의 단계 / 주된 기능	재 료	가 공	조 합
제조기능(메이커)	1965년	1967년	1969년
유통기능(도매)	1967년	1969년	71~72년
서비스기능(소매)	1969년	71~72년	75~80년

✻ 숫자는 연도를 나타낸다.

✻ 75~80년은 예측이다.

✻ 이 표는 이익을 위해 확보해야 할 물품과 기능의 양면에 대한 주도권
　확보의 연대를 나타낸다고 보아 주기 바란다.

별반 이익이 안 나게 되어 가고 있다.

　재료 메이커 → 가공 메이커 → 조합(組合 : coordinate) 메이커
로의 시류 이동도 잘 알 수 있다.

　한편, 메이커보다도 최근에는 유통업이 각광을 받기 시작했
다. 그리고 멀지 않아 서비스업이 주체가 될 것이다.

　표 3에는 메이커 기능(메이커가 지닌 주로 물품을 만드는
기능), 유통기능(주로 도매상이 지니는 기능) 서비스 기능(주로
소매점이 지닌 기능)과 그것들이 다루는 물품의 단계를 재료·
가공·조합(코디닛드)으로 나누고, 주식공개 기업 중 이익이
난 기업의 일반 패턴을 연도별로 제시했다.

　표 보는 법을 더 알기 쉽게 말하면 1971, 72년경까지는 가공상
품의 소매단계에서 주도권을 잡고 있는 기업(예컨대 화장품이나
석유 메이커 등)이나, 조합(코디닛트)상품의 유통단계에서 주도
권을 쥐고 있는 기업(예를 들면 대형 상사, 자동차 메이커, 종합
대형 도매업자) 등이 가장 시류에 맞아 이익을 낳고 있다는 말이
고, 과거의 흐름으로 추측컨대 아마도 1975년 경부터는 조합

(코디닛트)상품의 소매단계에서 주도권을 잡을 수 없는 상품은 그다지 좋은 결과를 기대할 수 없다는 것이다.

현재 재료 메이커도 살아남기 위해 소매 단계에서의 주도권 확보에 안간힘을 쓰고 있는 것은 그런 이유 때문이다.

물품을 다루지 말라

어쨌거나 물품이 너무 과잉 생산된다. 더군다나 질나쁜 물품은 상당한 장애가 있는 경우를 제외하고는 생산되지도 않는다. 좋은 물품이 너무 많이 쏟아지는 것이다. 국민생활과 가장 관계가 있는 의류품(衣類品)에 대해서 말하면, 다음과 같은 흥미로운 수치가 있다.

일본 중의 의류품 메이커가 생산을 전면 중단한다고 가정하고, 중단한 시점에서 의상의 멋을 유지하려면 얼마동안 가능하느냐는 수치이다. 이것은 섬유를 많이 취급하고 있는 어느 대형 상사의 추정 수치인데, 1941년의 시점에서 1개월, 64년의 시점에서 1년, 70년대에서 4년 6개월, 그리고 현재(76년)의 시점이면 6년 4개월쯤 유지된다고 한다.

이같은 물품과잉의 시대, 그리고 기존의 설비와 그것으로 살아가고 있는 인간의 질과 양으로 추정해도 10년이나 15년간은 물품과잉 현상이 계속되리라 생각된다.

아무리 해 봐야 물품 생산으로는 이익이 생기지 않는다는 이유를 이것으로 충분히 이해하리라 생각된다. 그렇더라도 꼭 물품을 취급하고 싶으면 표 2에 제시하였듯이 물품에 종교나 교양·교육 혹은 정보 등의 요소를 부가하여 부가가치를 높일 생각을 하여야 될 것이다.

3. 앤티매스 시대의 기업성장 벡터

당장 경영전략의 수정

전환을

약졸이라도 승리하는 변신 마케팅 전략의 수정

올바른 전략 아래서는 비록 약졸(弱卒)일지라도 능히 목적을 이룰 수가 있다. 반대로 그릇된 전략 아래서는 아무리 강병이라도 패퇴하지 않을 수 없다.

경영에서 첫째로 중요한 것은 경영전략이 올바르냐 하는 것이다. 경영전략이란, 경영자가 정하는 것으로 경영 전반의 방향과 방침이다.

1965년은 매스의 전성시대였다. 그러나 1975년에는 앤티매스 (Anti Mass)가 한 시대를 이루기 시작했다. 그렇다면 이 180°의 변화에 따라 당연히 경영전략도 전환할 필요가 있다.

어떻게 전환하면 될까? 본서를 읽으면 대충 알겠지만, 참고로 표 4에 정리해 보았다.

이 표를 기초로 자기 기업의 전략(방향·방침)을 검토해 보고, 만약에 잘못되어 있으면 지금 당장에라도 방향전환을 하기 바란다. 또, 이 표4는 일반적인 것이므로 여기에 기업의 특수성을

〈표4〉 경영전략의 수정 · 전환표

		지　금　까　지	이　제　부　터
전반	이념	기업중심(이익, 효율)	종업원중심(인간성 · 사회성)
	방침	경영자의 꿈과 위기감	인간으로서의 꿈의 실현
마케팅	업종	중공업	생활관련 산업
	업태	제조업	정보업
	규모	대규모 지향	능력상응, 단 일등확보
	입지	사람이 모이는 곳	사람을 모을 수 있는 곳
	셰어	과점 · 독점	일등
	벡터	┐→↓	───┐↓
인사	조달	질 중심	재수(운) 중심
	개발	전문 교육	올라운드맨 교육
	활용	회사의 입장에서	사는 보람면에서
재무	조달	무차별	계열적
	운용	고정투자 중심	인볼브 투자 중심
	밸런스	성장성 중심	안전성 중시
	배분	노동성과 중심	경영성과 중시

가미해 주기 바란다.

　이 표 4의 마케팅 전략의 벡터(Vektor)는 주도권을 잡는 법을
가리킨다. 마케팅 전략에서 가장 중요한 사항이므로 몇 마디
덧붙여 보자.

　나는 작년부터 금년에 걸쳐 일본의 주식공개 회사를 살펴보고
있는 동안에 한가지 재미있는 일을 알게 되었다.

　그것은 유통면에서 각 단계마다의 주도권을 잡는 일이 얼마나
중요한가 하는 것이다. 표 5를 보기 바란다.

　1965년에 일본의 기업 중에서 가장 많은 이익을 올리고 있었던

〈표 5〉연대별 이익 획득을 위한 유통 주도권 보유표

물품의 상태 \ 기능	재 료	가 공	코디닛드
생 산 면 (메이커)	1965년	1967년	1969년
유 통 면 (도 매)	1967년	1969년	71~72년
서비스면 (소 매)	1969년	71~72년	75~80년

＊ 나는 이 표를 성장 벡터표라 부르고 있다.

회사는 재료를 만드는 단계에서의 유통 주도권을 잡고 있던 회사였다.

그것이 1967년에는 재료의 유통면이나 혹은 가공품을 만드는 단계에서 유통 주도권을 잡는 기업으로 바뀌었다.

1971, 1972년에는 가공품의 소매단계나 또는 조합상품(코디닛드 상품)의 도매 단계에서 유통 주도권을 잡고 있는 기업이 제일 시류에 맞아 이익을 많이 올렸다.

그리고 1975년에는 조합상품의 소매 단계를 장악하지 않고서는 그 기업은 이익을 올릴 수 없게 되었다.

유통 주도권은 가격 결정권이라 할 수 있다. 예를 들면, 현재 나의 지도를 받고 있는 대형 소매업(백화점이나 대량 판매점)에서 자체 기업이 가격 결정권을 쥐고 있는 상품은 대략 60％이다. 나머지 40％ 중 그 대부분을 메이커가 일부는 도매 단계의 기업이 유통 주도권을 쥐고 있다.

여하튼, 이 표로 분명한 것은 1975년 이후에 소매 단계를 장악하지 않으면 어떤 기업이든 간에 이익과는 연결되지 않는다는 것이다.

성장 벡터

이 표를 나는 '성장 벡터(Vektor)'라 부르고 있는데, 마케팅 전략에서 기업이 성장하기 위한 방향잡기를 나타내는 기본원리를 많이 내포하고 있다.

어떻게 구체적으로 이용할 것인지는, 내용이 매우 어렵기 때문에 본서에서 상세히 설명할 수는 없지만, 작년부터 내가 지도를 맡고 있는 기업, 재료 메이커나 상사, 대형 도매상이나 백화점, 빅 스토어 등에서 구체적으로 지도해 온 사항의 논리적 근거는, 이 벡터의 장래를 예측하여 얻은 결론에 의한다. 그리고 그 결과는 이제 훌륭한 성과로서 나타나고 있다.

한 마디로 알기 쉽게 설명하겠다.

① 현재의 시점에서 예를 들어 조합(코디닛드)상품은 도매단계의 유통 주도권을 잡고 있으면 되지만, 이에 그치지 않고 어떤 형태로든 그 앞의 단계까지 관계를 가지면서 점차로 거슬러 올라, 맨 근원인 '재료의 생산면'까지의 유통 주도권에 연결되는 쪽이 연결 안되는 쪽보다 더 이익에 공헌한다.

② 같은 연대에도 해당하는 범위가 둘 내지 셋 있는데, 오른쪽에서 주도권을 잡는 것이 왼쪽에서 주도권을 잡는 것보다 더 이익에 공헌한다.

결국, 1975년의 이상적인 형태는 조합(코디닛드) 상품의 소매단계에서 유통 주도권을 잡는 한편, 재료 제조부터 가공, 조합(코디닛드)에 이르는 메이커를 장악하고, 조합 상품의 도매 단계 주도권도 쥐는 것이다. 이것을 나는 '성장 벡터의 완성'이라 부르고 있다.

메이커나 도매상이 소매점을 지금과 같은 상태로 방치해 두었다간 순간에 뜨거운 꼴을 당하게 된다. 그것은 소매업에의 종속을 절대적으로 의미하기 때문이다.

한편 소매점으로서는 어떻게 해서든 소매 단계의 유통 주도권을 확보하는 것이 좋다.

이 유통 주도권 쟁탈은 소단위로는 불가능하다. 그렇다면 그룹화, 계열화가 메이커·도매상·소매점이라는 현재의 업태와는 관계없이 유통 주도권을 잡는다는 목적을 위해 힘이 될 것은 뻔한 이치이다.

이에 대한 충분한 대책을 지금부터 세우기 바란다. 표 4의 인사·재무면에 대해서는 후반의 장(章)을 참조해 주기 바란다.

4. 매스(대량)화는 자기 목을 죈다

판매 저하
저부가가치

슈퍼는 왜 변신하는가?

매스(대량 생산)는 오랫동안 경영자의 신앙이었다. 매스화(化) 함으로써 기업은 이익을 추구할 수 있었다. 특히 물품 부족, 저소득인 일반 대중에게는 매스화야말로 구세주였다. 그런데 2,3년 전부터 매스화는 일반적 경향으로서 기업의 목을 죄는 경향을 나타내고 있다. 물건이 남아돌기 때문에 매스화 하면 할수록 판매가격 하락, 부가가치 저하, 적자 누적이 심화되어 가는 것이다.

이것을 시류적응의 관점에서 파악해 보자. 대중을 직접적인 고객으로 하기 때문에 가장 시류 적응에 노력하여야 할 소매업계에서는 매스컴의 선전과는 달리 매스 이론에 의한 점포(이른바 슈퍼)는 지금 앞을 다투어 체질을 바꾸어 백화점화 하고 있다. 이유를 생각해 보자.

매스 이론을 간단히 설명하면 다음과 같다.

'매스에는 4가지 조건이 내포된 의미가 있다. ①은 단일 품목을 ②는 계획적으로 ③은 일정 기간에 ④는 대량으로라는 의미이다. 이 네가지 조건을 갖추고 생산하는 것이 매스 프로덕션이고, 판매하는 것이 매스 세일이다.

매스 프로덕션과 매스 세일은 상품을 실용품으로 한정할 때 아주 싸진다. 또 실용품은 획일화 된 것이기 때문에 매스의 벨트에 실을 수가 있다. 돈주고 사는 사람은 같은 물건이면 당연히 싼 쪽이 좋다. 매스 프로덕션과 매스 세일은 손님에게도 최선이고, 또 인건비·개발비·재료비·설비비·포장비 등을 줄일 수 있으므로 기업으로서도 최선이다.

뿐만 아니라 패션화의 세태에 부응하는 면에서도 대량생산된 상품을 소매업자나 사용자가 코디닛드(조합)함으로써 다양화가 가능하다. 거꾸로 말하면 매스야말로 다양화를 만드는 것이다. 결국 매스주의는 어느 모로 따지나 기업이 취할 최선의 방향이다.' 이것이 매스 이론의 요지이다.

매스 이론 붕괴의 이유

그러나 현실적으로 매스 이론을 적용한 소매점, 특히 대량판매점 중에는 다품목을 취급하는 점포와 경쟁이 벌어져 수습할 수 없는 큰 타격을 입고 있는 예가 허다하다. 왜 그럴까? 그 이유를 한번 살펴 보자.

(1) 물품이 과잉 생산되고 있다. 일찌기 미국의 포오드 자동차 회사가 모델을 바꾸지 않은 대중차인 T형차를 생산하고, 소비자에게 대량 판매한 뒤, 한동안 심각한 타격을 받은 것처럼 현재의 일본은 원자재를 제외하고는 대량생산이 더욱 공급과잉을 심화시켜 메이커의 부가가치를 격감시키고 있다. 산업구조가 비교적 정상화 된 섬유의 2차제품 가공업자가 당하고 있다. 경제적 참상이 이것을 증명하고 있다. 매스 이론은 물자와 인력이 부족한 사회에서만 통용되며 지금과 같이 물자과잉 시대에서는 부가가치를 저하시킬 뿐이다.

(2) 소비자는 왕이다. 그러나 왕은 소득의 신장과 여가의 증가에 따라 매우 황량해졌다. 코디닛드(Coordinate)하는 즐거움보다도 셀렉트(Select)하는 즐거움을 맛보려고 소매점을 이용한다. 또 물건을 사는 것은 둘째고 무드를 즐기기 위해 소매점을 이용하기 시작했다. 획일적인 점포, 효과적이고 표준화 된 점포와 한푼이라도 싸게 공급하기 위해 신경을 곤두세우고 있는 점포에는 상품의 종류가 적고, 또 호사로운 분위기도 나지 않는다.

왕인 소비자가 발걸음을 끊기 시작한 이유는 이로써 알 수 있는 것이다.

(3) 공급과잉 시대에는 소비자가 주체가 아닐 때, 기업은 지탱되지 않는다. 소비재에 대한 소비자의 욕구 변화를 표로 만들면 표 6과 같이 된다.

결과적으로 생리적, 경제적 욕구 중심이었던 1967년까지는 값싼 실용품을 공급하는 대량 판매점이 시류에 적응하고 있었던 것이다. 이것이 슈퍼마켓 급성장의 이유라고 할 수 있다. 그러나

〈표 6〉 소비자의 욕구 변화

욕 구	그때의 환경		중심 년대
	주머니 사정	물품 공급	(일본의 경우)
생 리 적 (살아가는데 필요하므로)	빈 약	부 족	1954년까지
경 제 적 (싼 쪽이 좋다)	빈 약 1인당 GNP 1,000달러 이하	균형이 잡힌다	55년부터 67년까지
사 회 적 (남들처럼 되고 싶다)	보 통	과 잉	68년부터 73년경까지
문 화 적 (개성적이고 싶다)	풍 족 1인당 GNP 3,000달러 이상	과 잉	74년이후
심 리 적 (특별하고 싶다)	풍 족	과 잉	

사회적이라든가 문화적인 욕구의 시대로 접어들자 소비자는 사치품을 찾기 시작했다. 물건이 남아도는 세상에서의 사치품은 단순한 물건이 아닌 것이다. 물품에 덧붙여서 물품 이외의 부가 가치가 보다 많은 것을 찾기 시작한 것이다. 그리고 이 물품 이외의 부가가치는 그야말로 다양하다. 매스 이론이 통용하지 않게 된 것은 그것이 어디까지나 물품에 한해서만 경제가치를 구하려 는데 그 이유가 존재하고 있다.

구체적인 예를 들겠다. 국가적인 상표라고 할 수 있는 가전제 품에서도 마찬가지이다. 히로시마(廣島)에서는 전국 규모의 체인인 '다이에'가 가전 전문점인 '다이이치' 상교(第一産業)와의 경쟁에서 현재로서는 자질구레한 것을 제외하곤 아무래도 이길 수가 없는 것이다. 동일 상품의 가격은 다이에 쪽이 거의 모든 상품에 걸쳐 싼데도 말이다. 이유는 훨씬 많은 품목을 갖추고 있는 다이이치 쪽의 풍부함과 히로시마시에서 가전 제품 셰어 40%의 숫자가 나타내는 다이이치의 신용 축적과 애프터 서비스의 철저함에 있다. 다이이치의 패트롤카는 고장 연락을 받으면 길이 막히지 않는 한 20분 이내에 달려 간다. 그러나 다이에는 이것이 안되는 것이다.

(4) 세상은 무서운 속도로 변하고 있다. 변함에 따라 매스의 부문, 매스로 해결할 수 있는 부문이 급속히 좁아지고 있다. 더군다나 소비자도 종업원도 변화가 없는 매스 상품에 대해서는 권태감을 느끼게 되었다.

따라서 매스 상품은 매스 이외의 상품과 함께 있을 때에만 소비자의 구매, 사용의 대상이 되는 것이다.

일반적으로 매스화 하면 자기의 목을 죄는 결과가 빚어지는데, 그 본보기의 하나가 너나없이 작년부터 금년에 걸쳐 적자낸 팬티 스타킹 업계의 사태이다.

매스화가 가능하고 또한 최선인 것은 원자재의 분야지만, 그것도 공급과잉과 관계가 없는 매스화라야 한다는 점에 유의하기 바란다.

5. 원가 따위는 아무래도 좋다

매스적인 사고(思考), 생산자 지향(指向)
물품 지향으로 부터의 탈피

'원가에의 도전'은 소극적인 방침

물품이 부족할 때, 혹은 일반 대중이 무엇보다도 값싼 것을
찾을 경우에는 물품을 가능한 한 싸게 만들고 싸게 파는 것이
분명히 최선의 방법이다.

또, 기업경영의 입장에서 보면 항상 '이익은 원가에 있는 법'
이어서 원가에 대한 도전이 필요함은 말할 것도 없다. 그러나
'원가 따위는 아무래도 좋다'는 표제를 붙인 데는 다음과 같은
이유가 있는 것이다.

경영자의 전략적 의지 결정에 의한 마케팅 전략에 있어서는
그 일환으로서 '원가에의 도전'이라든가 '판매가에 대한 도전'
등이 반드시 따르기 마련이고, 그 전략은 일반적으로 미래사고적
(未來思考的)인 것이다.

여기까지 말하면 현명한 독자께서는 벌써 내가 무엇을 말하고
저 하는지 알 것이다.

미래사고적인 마케팅 방침에 '원가에의 도전'을 내세운다면
그것은 ① 매스적인 사고(思考) ② 생산자 지향 ③ 물품 지향이
중심이 되는데, 현재의 여러가지 상황으로 보아 그것은 소극적인

방침이라고 잘라 말할 수 있다.

소비자는 염가보다도 무형의 가치를 좋아한다

업적이 나빠진 회사의 마케팅 방침은 일반적으로 '원가에의 도전'이다.

'풍족해질수록 소비자는 염가를 바란다'는 이유 부여가 거기에 있으며, 원가에 대한 도전이 유일무이한 기본적인 방침이라는 감각이 거기에 있다. 과연 그럴까.

① 원가에 대한 도전이 강조되는 것은 대개 공급과잉으로 경쟁이 격화될 때이다. 그러나 그런 상품은 이미 시류에 적응하지 못한 것이다. 진정한 원가에의 도전이 메리트(적극적인 효과)를 낳는 것은 자기가 가격 결정권을 가질 수 있는 독점시나 수요과잉시인 것이다.

② '어느 시대나 소비자는, 같은 물건이면 싼 것을 좋아한다'는 말이 틀린 것은 아니지만, 같은 물건의 웨이트가 급속히 감소하고 있는 것이 오늘날의 현상이다. 또 같은 물건을 많이 만들면 만들수록 원가가 싸지는 이상으로 판매가도 하락하는 것이 67~68년 이래의 현상인 것이다.

③ 주로 '염가'를 요망하는 상품은 그것을 취급하는 기업측의 이익과 연결되지 않는다. 예를 들어, 소매점이라는 곳은 그 손님의 대부분이 여성이다. 오늘날의 여성은 쇼핑을 할 때, 세가지의 다른 모습을 분명히 나타낸다. 표 7에 분류한 바와 같이 주부로서의 여성을 노리면, 이건 여간해서 기업측으로서는 이익과 연결되지 않는다. 소득 증대, 또는 고소득이라는 현상의 현재는 주부보다도 어머니, 어머니보다도 여자로서의 여성을 노릴 수 있는 상품 만들기와 가게 꾸미기가 필요한 것이다.

이것은 어디까지나 '판매가에의 도전'이지 '원가에의 도전'은 아니다.

결국, 현재 가장 중요한 일은 물품 이외의 부가가치를 어떻게 붙여서 판매가에 도전하느냐는 것이다.

무형의 가치를 부가하는 일이 앞으로의 산업에는 필수요건이 된다. 예를 들면 와이셔츠, 넥타이 등을 물품이라는 점에서 보면 거의 차이가 없으므로 무형의 가치를 첨가해야만 한다.

〈표 7〉 여성 쇼핑의 세가지 유형

여자로서	정 서 적 비합리적	무드에 의해 산다
어머니로서	비 교 적 경 쟁 적	비교할 수 있으므로 다품목을 취급하는 상점에서 산다
주부로서	합 리 적 경 제 적	가격과 품질을 음미하면서 산다

〈표 8〉 무형의 가치

1. 경험 가치	① 기호 ② 감상 ③ 레저
2. 서비스 가치	① 음식 ② 보관 ③ 대행
3. 지적 가치	① 기록 ② 정보
4. 이동 가치	
5. 시간 가치	
6. 상징 가치	
7. 정서 가치	① 미 ② 교양
8. 안전 가치	① 건강 ② 안심감 ③ 자격
9. 문화적 가치	① 교육 ② 여유 ③ 향상
10. 동물적 가치	① 노스탤지어 ② 갬블 ③ 투쟁 ④ Sex

무형의 가치에는 어떤 것이 있느냐 하면, 열가지쯤 들 수가 있겠다. 경험 가치, 서비스 가치, 지적(知的)가치, 이동(移動)가치, 시간 가치, 상징 가치, 정서(情緖)가치, 안전 가치, 문화적 가치, 동물적 가치 등이다.(표 8 참조).

이런 무형의 가치가 개별적인 것보다 되도록 복합화 된 형태로 물품에 부가된 상품이 비싸게 팔린다. 결국 원가와 판매가의 차가 커진다. 소매업의 경우도, 물품 이외의 이 열가지 무형의 가치가 되도록 많이 복합적으로 부가된 상품이 비싸게 팔리고, 또 소비자를 즐겁게 할 것이다.

6. 도쿄상법의 시대가 온다

오사카(大阪) 상인의 시대는 끝났다

인기 상승의 도쿄상법

일찌기 일본에서 장사의 귀신이라고 일컬어진 것은 오사카(大阪) 상인이었다. 그 실리적인 장사 수법은 도쿄를 위시하여 전국을 석권했다.

그런데 최근, 어쩐지 오사카 상인의 형편이 말씀이 아니다. 오사카의 대표적인 산업이라고 하는 섬유가 불황에 빠져 있기 때문만이 아니라 전반적인 경향이 그렇다. 섬유의 경우, 벌고 있는 것은 도쿄, 나고야(名古屋)이고, 오사카는 점점 장사가 후퇴하고 있다. 나는 오사카의 토박이이고, 컨설턴트로서 관계하

〈표9〉오사카와 도쿄 상법

오사카 상법	도쿄 상법
물품 중시형	물품 이외의 것 중시형
실리형	모양새 갖추기형
이해중심의 거래	인간관계 중심의 거래
인간 불신형	인간 신용형
물품 만들기형	물품 매입형
도제형(徒弟型)	참가형

고 있는 회사의 태반이 섬유회사이니 만큼 아쉽기 짝이 없다.

코스모스 클럽의 오사카 정례회의에서는 가끔 경영인들에게 듣기 싫은 말을 하는 경우도 있다.

위의 표 9는, 4월의 오사카 코스모스 클럽 석상에서 오사카 상법과 도쿄상법의 차이를 설명했을 때 만든 것인데, 이 표를 보면, 분명히 시대적 조류가 도쿄 상법을 현실적으로 부각시킨 것처럼 보인다. 오사카 상법은 1965년까지의 물자 부족시대, 물품 중심시대에는 좋았지만, 지금같은 물자과잉·지식·정보 중심시대에는 잘 맞아떨어지지 않게 되었다.

경영 컨설턴트라는 사업을 하다 보면, 도쿄·오사카·나고야 에서, 각각 독특한 재미있는 기풍의 차이를 경험하게 된다.

도쿄 사람은 지식이라든가 기술정보와 같은 무형의 자원에 적극적으로 투자한다. 나고야 사람은 돈벌이가 된다고 판단이 서면 무형의 자원에 돈 내기를 주저하지 않는다.

그러나 오사카 사람은 절대로 무형의 자원에는 돈을 쓸 생각을 하지 않는다. 세미나도 무료라면 들으러 가지만 돈을 내고서까지 듣고 싶지는 않다는 것이 근본 자세이다.

너무나 뚜렷한 이 지방의 특성에 번번이 놀라고 있거니와,

이와 같은 또 하나의 커다란 지방 특성은 오사카 상인은 눈 앞에 보이는 이해 중심의 장사를 하는데 비해, 도쿄 상인은 눈 앞의 이해는 차치하고 과거의 인간관계를 중심으로 장사를 한다는 점이다.

'시류적응이라는 점에서 본다면, 변화가 심하니까 눈앞의 이익을 추구하는 쪽이 낫잖은가?' 이렇게 반문한 오사카의 경영자가 있었지만, 변화가 심한 만큼 어떠한 변화에도 적응할 수 있고, 그러면서도 스스로가 변화하지 않는 체질이 필요한 것이다.

기업은 보다 거시적으로 시류를 파악하면서 아무리 세상이 변하더라도 스스로는 그다지 변하지 않는 쪽이 더 나은 법이다. 그리고 변화가 심하면 심할수록 이러한 체질 만들기에 힘써야 한다.

도쿄상법의 인간관계 중심형은 이런 뜻에서 시류에 들어맞는다. 신용하고 안심할 수 있으며, 오랜 세월에 걸쳐 상대방에 돈벌이를 시켜 주는 것이 자기의 돈벌이와 연결됨을 알게 된다.

그런데 단순히 이해관계만으로 연결되어 있으면 언제까지나 공존 공영할 수가 없다. 그뿐 아니라 안정성을 유지하기 어렵게 된다.

오사카 출신과 도쿄 출신

내 친구 중에 시이노 긴지(椎野欣治)라는 패션 컨설턴트가 있다. 매스컴에 인기가 있고,《뉴 패밀리 시장작전》이라는 약간 별난 저서도 있는데, 다음에 그가 말하는 '오사카 사람과 도쿄 사람'을 소개한다.

"나는 오늘도《성새(城塞)》(중권)를 읽고 있다. 내용은 서서히 도쿠가와 이에야스(德川家康)의 본심이 나타나며…… 도요토

미(豊臣) 세력의 붕괴작전이 바야흐로 시작되는데…… 아직 하권은 발간되지 않았으나 그 유명한 '여름의 결전'으로 연결되리라 짐작된다. 거기서는 모르긴 해도 이른바 오사카성(大阪城)의 바깥 호수를 매립하는 작전이 전개되리라.

지금 오사카의 덴만교(天満橋) 곁에 오사카 머천다이즈 마트(OMM)가 있다. OMM이 세워진 경위는 여러분이 잘 아시겠지만 나같은 사람은 상세히는 모른다.

나는 발상이 좀 엉뚱해서 자주 놀림감이 되는 터인데, ……자꾸만 지금 읽고 있는 소설과 이 OMM의 이야기가 상상 속에서 동일시 된다.

나의 상상력이 지나친 걸까? 혼자서 이것저것 생각하고 있는 사이에 타임캡슐에 들어 앉아 있는 기분이 되고, 오사카 머천다이즈 마트가 오사카성으로 느껴져 어쩔 수가 없다.

상상하고 있는대로 말하는 거니까 내 말에 화내지 말기 바란다. 어디까지나 나의 어느 하루의 제멋대로의 상상인 것이다.

도쿄에 있는 패션 메이커가 지금 차근차근 오사카를 지나 고베(神戸)나 오카야마(岡山), 히로시마, 큐슈(九州)를 정말 차근차근히 공격하고 있는 것이다.

영맨 메이커는 서의 디 도쿄(東京) 출신들이다. 유일한 예외는 ACE 멘즈 웨어 뿐인데 그 ACE도 젊었을 때는 도쿄에서 지낸 경험이 있는 말하자면 오사카 태생인 도쿄사람인 것이다.

영레이디즈 메이커도 거반의 오사카 태생이지만, 젊은 시절을 도쿄에서 보내고 있다.

이들도 이제 성관(成冠)한 지 10년 이상 되어, 일국일성(一國一城)의 영주(領主)로서 제국(諸國)과의 외교를 펼치고 있다. 예로부터 오사카를 근거지로 하여 거대한 존재가 된 상인들도 오사카 영주와는 사귀기를 대충 대충하고 도쿄 출신들과 어울리기 시작했다. 특히 영맨 것으로는 오사카 백화점이 오사카 지방에서 가장 압도적으로 인기가 좋다.

오사카에서 거대화 한 상인들(백화점·대량판매점)이 이번에는 도쿄세(東京勢)의 한복판에 집을 짓고 살며 이웃사촌이라 하여 교분을 더욱 돈독히 하게 되었다. 최근에는 오와리(尾張)라는 나고야의 유력한 상인이 에도(江戶) 한 가운데 긴자(銀座)에 진출하였고, 대량판매점은 도호쿠(東北) 결전(決戰)을 치를 준비를 하고 있다 한다.

얘기를 되돌리자.

모처럼 오사카세(메이커)의 사기를 돋우기 위해 관가의 높은 나으리들까지 합세시켜 세운 OMM성(城)에 약간 격도 높이고 원료 메이커의 입김도 고려하고, 또 일본의 업계를 위하여! 라는 배짱을 보일 필요도 있고 해서 도쿄 세력을 성내에 약간 끌어들였다. 그러자 차근차근히 OMM성의 내부를 도쿄 출신, 특히 메이커가 쳐부수기 시작한 것이다. 오사카성의 주성(主城)이 코 앞에 있는 이곳에서 바깥 해자 아닌 안방을 내어 줄 판세이다.

최근에는 가장 오사카답고, 또 오사카 사람이면 반드시 건너봤을 신사이교(心齊橋)에 이번에는 도쿄의 대상인인 세이부야(西武屋)가 대궐같은 집을 세웠다. 그 개관 때 오사카의 주민이 뒤질세라 몰려갔기 때문에 다시 한번 오사카의 영주들은 기겁을 했다. 오사카의 주민도 이전과 같잖아, 토박이가 적어졌기 때문에 지역 의식이 없어져 버렸다는 것을 오사카세는 모른다 말이다."

7. 도쿄 · 오사카 · 나고야 상법의 비교

지금은 나고야 시대지만

물품 아닌 것의 장사 시대

오사카 직물도매업 조합에서는 매년 7월에 고야야마(高野山) 안양원(安養院)에서 2박 3일의 톱 매니지먼트 세미나를 개최한다.

이 회합에는 매년 오사카의 직물 도매상의 톱이 30명 가량 참가, 더위를 잊고 차분히 자기 기업을 되돌아 보기로 되어 있다. 정말 열심히 공부한다. 나는 과거 수년동안 세미나 강사로서 이 회합에 참가하고 있는데, 내가 주재하는 코스모스 클럽의 회원 중에서도 야마시타만(山下萬)의 야마시타 사장, 사와무라 (澤村)의 가스가(春日) 사장, 마쓰다쇼(松田正)의 모리(森)씨, 야마모토코(山本幸)의 야마모토 사장, 마스미(增見)의 마스미 사장들은 해마다의 단골손님이고 친하게 대해 주어 늘 감사하고 있다.

그건 그렇고, 나는 사업적으로 도쿄 · 오사카 · 나고야의 세 지방의 도매상들과 각각 관계를 맺고 있다.

오사카의 도매상하고는 거의 다 직물조합, 메리야스 조합, 화학섬유 클럽 등의 세미나라든가 모임을 통해서 알게 되었고, 나고야의 도매상과는 대형 종합도매상의 고문 · 지도라는 형태의

관련에서 비롯됐다. 그리고 도쿄의 경우는 기업내 교육과 고문·
지도의 두 케이스로 연결되어 있다.

따라서 나를 알고 있는 사람들은 오사카 쪽에 압도적으로 많
고, 개별적인 기업내 지도에 있어서 오사카의 도매상은 10개사
정도는 되지만 도쿄, 나고야에 비하면 없는 것과 같다.

결국 오사카에서의 섬유 관계 사업은 원자재 메이커와 상사,
그리고 대형 백화점, 대형판매점 등이므로 도매상 쪽에만 공백이
있는 셈이다.

한편, 나고야나 도쿄에서는 대부분의 대형 종합도매상과 개별
적인 지도라는 형태로 연결되어 있다. 그러나 중소 이하의 도매
상과는 거의 관계가 없다. 여기에 내 사업을 통해 본 도매상의
지역성이 나타나 있는 듯하다.

옛날부터 물품 만들기를 전문으로 하고 있었던 오사카의 도매
상들은 역시 '물품'의 가치는 인정하지만 '물품이 아닌 것'의 가치
를 인정하는 데는 매우 서툴다. 무료라거나 무료에 가까운 강습
회에는 참가하더라도, 컨설턴트에게 진단이나 지도를 의뢰하는
데는 좀체 마음이 내키지 않는 모양이다.

이 점, 도쿄의 도매상은 주저하지 않는다. 제2차 세계대전이
끝난 후, 오사카 지방의 사업이 부진한 원인은 '물품'에 집착한
결과이고, 도쿄의 경제적 상승은 '물품이 아닌 것'에 대한 투자의
결과임이 분명하거니와 도쿄의 도매상들은 컨설턴트를 잘 활용
하는 것이다.

한편으로 나고야의 도매상들은 '물품'과 '물품이 아닌 것'을
혼돈시켜 생각한다. 그리고 그들은 '물품'이나 '지식'이나 '정보'
에 대해 독점지향성(獨占指向性)을 나타내며, 여기에다가 먼저
그 이상의 가치를 부가하려고 한다.

따라서 컨설턴트의 이야기를 들으러 가기보다는 기업안에

초빙하여 지도를 받으려고 한다.

결국, 도쿄·오사카·나고야 등 각 도시는 저마다의 특질이 도매상에 있는데, 내 생각으로는 가장 시류에 적응하고 있는 것은 나고야의 도매상이고 이어서 도쿄이며 제일 적응하지 못하고 있는 도시가 오사카의 상인임에 틀림없는 것 같다.

그리고 앞으로 5년 내지 10년만 지나면 도쿄의 도매상들 장사 방법이 가장 시류와 맞아떨어지고 그 다음이 나고야가 되리라는 예감이 든다.

'물품'의 시대는 급한 속도로 '물품이 아닌 것'의 시대로 바뀔 것이 틀림없다. 이 점을 오사카의 도매상들은 깊이 인식해 주기 바란다. 이렇게 고야산(高野山)의 톱 세미나 때가 되면 간절히 느끼게 되는 것이다.

8. 경영자의 두뇌 유연화(柔然化)에 도움되는 책

벌거숭이 원숭이와
케인즈 선생의 묘안

원숭이의 투쟁이 가르치는 것

최근 읽은 책 중에서 인상에 남는 책이 두 권 있다.

한 권은 데즈먼드 모리스(Desmond Morris)의 《벌거숭이 원숭이》이고, 다른 한 권은 마치다 이치로(町田一郎)의 《케인즈 선생의 묘안(妙案)》이다.

① 데즈먼드 모리스는 영국의 저명한 동물학자로 1928년생이며 동물의 기원과 진화에 관한 권위자이다.

이 모리스가 인간의 기원과 진화에 관해 인간을 동물로 보고 모든 면에서 검토하고 있다.

그 착안과 발상에는 군데군데 사람을 놀라게 하는 흥미로운 추론(推論)도 있으나 전체적으로는 매우 견실하다. 생각이 미치는 모든 조건을 미크로적인 관점에서 분석하고 있는데, 여기에 비추어 자신을 되돌아 보면 그러려니 하고 그 결과에 수긍이 간다.

그리고, 완전히 읽었을 때는 보다 참다운 인간의 모습을 읽기 전보다 10배쯤은 알게 된 느낌을 갖게 된다.

'동물은 두 가지 이유 중의 어느 한쪽을 위해 싸운다.' 하나는 순위성(順位性) 때문인데, 자신의 우위를 확립하기 위해서 다른 하나는 일정한 지역에 자기 세력권을 확립하기 위해서다.

그리고 동물에는 세력권을 만들지 않고 순위성만 따지는 것(예컨대 영장류(靈長類), 또 세력권 뿐이고 순위성이 없는 것(예컨대 호랑이나 사자), 그 양자가 있는 것(예컨대 인간)이 있다. 따라서 인간은 두 가지 이유로 싸워야만 한다.

싸움은 먼저 위협으로 시작되며, 그것으로 상대가 도피 혹은 항복하지 않을 때 실력행사로 나간다. 그러나 어떤 동물이나 동종(同種)의 동물이 도피 혹은 항복했을 때는 그를 죽이지는 않는다. 이미 경쟁 상대가 아닌 동종의 동물은 두려움의 대상이 되지 않기 때문이다.

동물의 싸움에서 패배자의 행동은 꼭 알아 둘 필요가 있다.

그의 입장이 선택의 여지가 없을 때 그가 취해야 할 일은 명백하다. 되도록 빨리 다라나는 일이다. 그러나 승자의 손이 미치는 범위 내에 머물러야만 할 경우, 그는 강자에게 이미 위협이 되지 않고 싸울 의지가 없다는 것을 신호로써 알려 주어야만 한다.

만약에 패자가 육체적으로 완전히 녹초가 되어버렸다면 승자는 거들떠보지도 않을 것이다.

그렇지 않을 경우의 신호에는 보통 세가지 동작이 있다. 그 하나는 승자로부터 얼굴을 돌리고, 자세를 낮추며 오그라드는 것이다. 그리고 그 동물 특유의 새끼가 어미에게 먹이를 구걸하는 자세를 취한다.

그 두번째는 패배자가 성별에 관계없이 암컷의 성적(性的) 자세를 취하는 것이다.

제3의 방법은 그루밍(털 다듬기) 하거나, 그루밍시키는 기분을 유발하는 방법이라는 것이다.

평소의 우리 인간의 공격성을 되새겨 볼때 크게 참고되는 책이었다.

② 마치다(町田)씨는 전에 미쓰비시(三菱)은행의 상무를 지냈고 현재는 미쓰비시 경제연구소의 소장으로 있다.

이 책의 제명은 《케인즈 선생의 묘안》이지만 내용은 약 100편의 경제 수필집이다.

정말 재미있다. 또 그 해박함에 경악을 금치 못한다. 모른다는 것이 얼마나 죄악이 되는지를 잘 알 수 있다. 그리고 읽고 나면 머리가 아주 유연해진 듯한 느낌이 든다. '대량생산, 대량판매만이 최선의 방법이다'라고 생각하고 있는 머리가 굳은 사람들 특히 대량 판매점의 사장님들은 부디 읽으시기를 바라는 책이다.

포드 몰락의 가르침

그 중의 하나인 '대량생산, 대량판매의 한계'의 대목을 요약해

보자.

"제1차 세계대전 후인 1920년대, 포드 1세는 대중차 T형을 이끌고 화려한 행진을 전개했다. T형 차를 컨베이어 시스템에 의해 대량 생산하면 단가는 싸진다. 그만큼 값을 싸게 한다. 구매자가 불어날 것이다. 그러면 보다 대량 생산할 수 있고, 보다 대량 판매할 수 있다. 그러니 잘 될 수밖에 없다. 이렇게 포드는 계산했다.

계산은 매우 정확했다. T형 차는 신바람나게 팔려 나갔다. 그러나 차를 원하는 사람이 모두 차를 갖자 더는 살 사람이 없어져 버렸다. 슈퍼 등이 한 가지 물건을 대량으로 팔고 있는 사이에 이와 같은 벽에 부딪치는 것을 보더라도 알 수 있는 결과이다.

그 결점을 간파한 경쟁상대 메이커인 GM이 여러 종류의 차를 출고시켰다. 갑부용, 중역용, 레저용, 부인용, 젊은이용 등등. 그리고 또 해마다 모델을 바꾸면서 지금까지의 차를 '계획적으로 구식화(句式化)' 시켜 새 차의 구매 동기를 부추겼다. '자동차란 것은 인간과 물건을 나르는 도구에 불과하다. 모델 체인지 따위는 쓸 데 없는 것이다. 값이 싸면 다들 사게 되어 있다'고 포드옹(翁)은 자기가 개발한 방법을 고집한 탓으로 제대로 힘도 못 써보고 GM에 압도되어 파산 지경에 이르렀다. 도리없이 포드 2세에게 자리를 물려주고, GM에서 유능한 인재를 뽑아 와서 다종 다양한 생산 방식을 취해 가까스로 회복할 수 있었던 것이다."

대량 생산은 경쟁상대가 있을 때, 다종(多種) 생산에는 이길 수 없는 법이다.

함축성 있는 이야기이다.

이 책도 경영자 여러분께 특히 매사를 고정관념으로 다루는 경향이 있는 분께 꼭 일독을 권하고 싶다.

9. 신상필벌(信賞必罰)은 넌센스

동물관리에서 인간관리로

회초리와 먹이로는 사람은 쓸 수 없다

경영을 다음과 같은 관점에서 보면 신상필벌의 의미가 쉽게 떠오를 것이다.

"회사가 종업원을 고용한다. 하나의 목적을 부여하여 일을 시킨다. 그 때문에 급여를 지급한다. 일은 주어지는 것이며, 종업원이 하고 싶은 것인지 아닌지는 문제되지 않는다. 목적보다 잘 되었으면 상을 주고, 목적에 이르지 못했으면 벌을 준다. 이런 의미에서, 목적 관리를 위해 신상필벌은 필요하다."

나폴레옹이 말하고 있다. "회초리와 먹이만 있으면 사람은 자유자재로 부릴 수 있다."라고.

부여받은 관리(管理), 감시하고 공포감을 우선시키는 관리, 이것이 신상필벌의 기본적 구성 요인이다. 여기에는 본질적으로 인간은 감시받고, 벌받는다는 공포가 없으면 못된 짓을 한다는 발상이 깔려있다. 신상필벌은 상을 주고 벌을 줌으로써 현실적인 목적을 타인이 달성하도록 하기 위해 경영자 편에서 마련한 예방적 수단이라고 볼 수 있다.

그것은 결코 상이나 벌을 받는 쪽에서의 것이 아니며, 주는 쪽에서의 일방적인 것이다. 그러므로 받는 쪽이 그 결과에 따라 어떻게 되는가는 알 바 없다는 자세가 역력히 보인다.

한편, 형법학자의 논쟁에 응보형론(應報刑論)과 교육형론(教育刑論)이 있다. 범한 죄를 벌하기 위해 죄에 상당하는 형을 가한다는 것이 응보형론자의 논리이고, 죄를 범한 것은 사실이지만 앞으로 그런 죄를 다시는 범하지 않도록 교육적 의미에서 형을 가한다는 것이 교육형론이다. 그런데 최근에는 인간성의 자각과 회복이라는 관점에서 교육형론이 학계의 주류를 이루고 있다.

신상필벌주의자는 ① 체제 유지를 위해서 ② 질서유지를 위해서를 필벌의 대의명분으로 내세운다. 그러나 벌을 받은 본인이 그 결과 어떻게 되고 그것이 질서유지나 체제유지를 위해 최선이었는지 어떤지는 별로 따지려 하지 않는다.

나는 교육형론 찬성자이다. 신상필벌주의를 반대한다. 이제부터 그 이유를 설명하겠다.

벌 받으면 반항하는 것이 인간의 참모습

인간이 벌을 받으면 과연 반성하고 행동양식을 바꾸게 될까? 결론부터 말하면 '아니다'라는 답이 옳다.

아무리 나쁜 짓을 한 사람이라도 벌을 받고나면 그것으로써 과거의 나쁜 행위는 상쇄되었다고 여기게 마련이다. 그리고 한편으로는 벌준 자에 대한 반감이 고개를 치켜 든다. 이것은 사고를 내고 퇴사(退社) 당한 사람 50명을 선정하고, 그 사람들을 추적하여 판단한 표 10에서 분명히 나타난다.

심리학에 '예기충족(豫期充足)의 원리'라는 것이 있다. '사람은 예기했던 결과가 충족되면 그때까지의 행동 패턴을 변경할 필요

〈표 10〉 퇴사당한 50명의 행동 추적

퇴사시킨 사람이나 근무했던 회사에 대해 비난하는 행동을 한다.	42명(84%)
자기가 퇴사당한 원인과 비슷한 행동을 가끔 하거나 하게 된다	39명(78%)
진정으로 잘못을 반성하고 있다.	4명(8%)

가 없다고 여기게 된다'는 것이 이 원리인데, 그러기 때문에 신상(信賞)은 좋지만 필벌은 좋지 않은 것이다.

그러므로 앞으로는 관리방식을 바꾸어야 한다.

사람은 명령받고 부여받기 보다는 동참(同參)하고 자기 스스로가 이해한 다음에 하는 행동이라야 더욱 활성화되는 법이다.

상사(上司)라든가 회사로부터 인정을 받고싶어 하지만, 그것은 동료욕 본능(同僚慾本能)에서 나온 것이면서 사회적 욕구인 것이다.

남에게 고용당하고 또 명령당하고 그리고 잘못했다는 잔소리를 듣고, 더우기 벌까지 받고 보면 언짢은 생각이 드는 것은 오히려 당연하다 할 것이다.

반성을 위해서 작용될 때, 비로소 형벌은 가치를 지닌다. 관리방법으로서 반성이 아니라 반항을 불러일으키는 따위의 응보형(應報刑)은 바람직한 방법일 수 없는 것이다.

일반적으로 보통사람이라면 스스로 실패했다고 느꼈을 때 이미 반성하게 된다. 그것을 따뜻하게 감싸주고, 다시 실패하지 않도록 여러 가지 방법을 가르쳐 주는 것이 최선의 관리방법일 것이다.

예기충족의 원리를 잘못 적용해서는 안된다.

직장이 없고, 직업은 고통이라고 체념하고 있었던 시대에 매우 유익했다고 해서 언제까지나 신상필벌적인 관리를 계속한다면 미구에 사람을 고용할 수 없게 될 것이며 기업도 발전이나 성장을 멈추게 될 것이다.

10. 인간 중심의 업무와 조직

인간에 따라 회사의 업무는
변화되어야 한다

먼저 인간의 존재를 생각하라

지금까지 우리는 가난했다. 일하지 않을 수가 없었다. 회사는 먹고 살기 위한 도구이고, 거기서는 자기를 주장할 수 없었다. 회사가 먼저 있고 여기에 업무가 있으므로 이것을 보다 효율적으로 수행하기 위해 인간이 고용되고 있었던 것이다.

그러나 지금 우리는 풍족하다. 자아를 충족시키고, 자기 실현을 수행하기 위해 직장을 찾는다. 그 업무를 효율적으로 이루기 위해 회사라는 하나의 조직체가 있다.

지금은 인간이 존재하고, 인간성을 추구하기 위해 직장이 있으며, 그것을 잘 운영하기 위해서 조직체가 생기는 것이다(표11 참조). 따라서 현대의 조직체는 인간 중심이어야 하는 것이다.

〈표 11〉 옛날과 현재의 일과 조직

옛　　날	현　　재
회사 ↓　이익 추구가 목적	사람 (자아의 충족이나) ↓　(자기실현이 목적)
일 ↓　이익 추구를 위해	일 ↓　인간성을 추구하기 위해
조직 ↓　(일을 효과적으로) 　(처리하기 위해)	
사람 (회사와 조직에 봉사) (하기 위해 고용되었다)	조직 (보다 효과적으로 인간성을) (추구할 수 있기 때문에)

옛날과 같이, 인간이 있고 살아가기 위해 일이 있었으며 그것을 보다 잘 운영하기 위해 조직체가 존재했던 출발의 시점으로, 풍요로움을 얻은 인류(일본인)는 겨우 이제야 되돌아 간 것이다.

새로운 조직의 발상은, 먼저 조직의 성원인 인간에게 있어서 최선인 업무는 무엇인가를 생각하는 데서 부터 시작된다. 과거에 구애될 필요는 전혀 없다. 현재의 성원에게 최선의 업무를 제시하고 그것을 골라내어 그 일을 어떻게 수행하느냐는 목적을 위해 조직을 만들고 운영법을 생각하면 된다.

어디까지나 성원인 인간이 주체이고, 그 조직은 인간 중심인 것이어야 한다.

나는 지금 조직력 확대(회사의 업무 확대)의 방법으로서 프로덕트 매니저(produet manager)제(制)와 프로젝트 팀(project team)제, 그리고 테스크 포스(Task Force)방식을 제창하고 있다.

또, 한 조직체의 성원은 되도록 이질적(異質的)인 사람들로

〈그림 1〉

Ⓐ 프로젝트 매니저
Ⓑ 프로젝트 팀
Ⓒ 태스크 포스

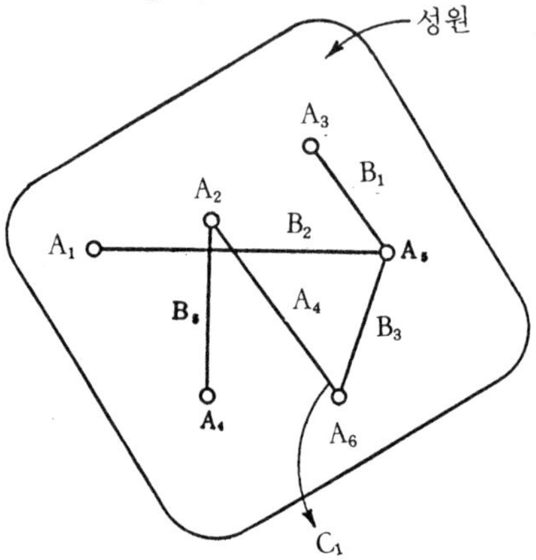

A는 각 프로젝트 매니저가 생각한 것
B는 A의 동질성을 연결한 프로젝트
C는 B 중에서 가장 조직체에 플로스 될
것으로 판단된 데스크 포스

이루어져야 한다고 설명하고 있다.

여기서 그 이유를 설명하여 인간 중심인 조직의 발상법을 독자들이 파악하는데 도움이 되었으면 한다.

성원(成員)이 바뀌면 조직도 변한다

회사는 성원때문에 존재한다. 성원이 바뀌면 당연히 회사의 내용, 업무나 조직 등도 마땅히 변해야 된다.

회사는 먼저 성원을 위해서도 시류에 따라 변화해 가야 한다. 급격히 변하는 시대에 현재의 시점에 머문다는 것은 멸망을 의미한다. 단, 이 변화는 성원의 능력에 상응하는 것이라야 한다. 능력 불상응(不相應)은 도리어 생존물(生存物)을 죽게 만들기 때문이다.

① 먼저, 각 성원들은 자기 회사에서 실행할 수 있는 새로운 생산수단을 생각한다. 현재나 과거에 구애될 필요는 없다. 무엇이든 좋다. 지금의 성원들 능력으로 할 수 있는 것을 생각해내면 된다. 이것이 이른바 프로덕트 매니저 제도이다.

② 각 프로덕트 매니저가 생각한 여러 가지 프로덕트를 살펴보자. 그것이 이질이면 이질적(異質的)일수록 좋다. 보다 많은 발전의 가능성을 지니고 있기 때문이다. 그 이질적인 여러 프로덕트를 정리하여 동질성을 찾아내고, 그것으로 몇몇 프로젝트를 짠다. 이것이 프로젝트 팀이다.

③ 이 몇몇 프로젝트 중에서 가장 성원 전체를 위해 좋다고 판단되는 방법을 회사 (조직체)로서는 채택해야 한다. 그것을 실천에 옮기는 데는 테스크 포스가 최선이다.

이렇게 해서 회사(조직체)는 차례 차례 발전한다. 때와 사람이 바뀌면 조직체의 내용에 절대적인 변화가 일어난다. 이것이 인간 중심의 조직관리이다. 이 점을 깊이 인식해 주기 바란다.

11. 빛을 보는 자리는 인사 담당자이다

생산·구매 담당자 → 판매 담당자
→ 인사 담당자 시대

60년대 전반까지는 판매 담당자의 전성시대

1950년대는 물자가 부족했다. 물건을 만들기만 하면, 혹은 물건을 구입만 하면 그것은 판매를 통해 이익과 연결됐다.

기업 내에서는 회사의 이익과 직결되는 부서에 있는 사원이 가장 어깨를 펴고 일하는 보람도 있다.

그리고 인기있는 자리는 생산이나 구매 담당이었다.

그런데, 급속한 물자과잉 현상에 따라 좋은 물건을 싸게 만들어도 안팔리게 되었다.

다음은 1972년에 교토(京都)의 미야코(都) 호텔에서 개최한 '섬유업계 톱을 위한 제7회 후나이 원맨 세미나'의 석상에서 유통상사 원자재 메이커의 유통주도권 싸움에 대해 말한 내 강연의 속기록의 일부인데 잘 이해하기 바란다. 판매방법을 모르면 모든 사업이 잘 풀리지 않는 법이다.

"원자재 메이커와 유통상사 사이에 유통 주도권 싸움이 벌어지고 있는데, 현단계로서는 상사편이 승리할 것 같다. 왜냐하면 원자재 메이커는 물건을 만들 줄은 알아도, 판매 루트는 모르기 때문이다. 승부는 만들 줄을 아느냐, 루트를 아느냐의 차인데 현단계에서는 루트를 아는 쪽이 이긴다. 만드는 쪽이 이기는 시대는 상품 그 자체에 특수성이 있거나 혹은 공급이 부족할 때이다. 그렇게 되면 만드는 쪽이 배짱을 내밀 수 있지만, 현단계에서는 섬유에 관한 한, 특수성이나 공급부족의 가능성이 거의 없는만큼 원자재 메이커는 불리하다. 원자재 메이커는 루트에 대해서 너무나 모른다는 말이다.”

상품간에 품질의 차이가 없어지고 내세울 만한 별다른 특색도 안 나타나게 되고, 매스 메리트도 최종 상품에서는 거의 추구할 수가 없게 된 이상, 승부는 판매력이 된다.

따라서 어느 기업에서나 인기있는 자리는 구매 담당이나 생산 담당에서 도리없이 판매 담당으로 넘어 갔다. 그러나 60년대 후반에 접어들자 생산자 지향 중심의 판매체제에 금이 가기 시작했다.

적어도 60년대의 전반까지는 메이커가 만든 물품을 딴 회사에 납품하는 재주를 가진 판매 담당자가 있는 회사가 이익을 올렸으나, 후반부터는 제아무리 유능한 담당자가 있더라도 메이커 지향적인 것은 판매가 매우 곤란해졌다.

마케팅이 머천다이징과 교대하여 각광을 받게 된 것은 메이커의 입장에서 소비자 지향의 방법을 모색하기 위해서였다.

마케팅은 매스 선전에 의한 브랜드 전략의 전개와 세그먼트 상법에 의한 소비자에의 어프로치로 일시적으로는 메이커를 소생시켰으나 지금은 이미 소비자를 따라 갈 수 없게 되었다.

세그먼트 상법, 디스카운트 상법, 브랜드 상법 모두 다 빈사 상태에 빠져 있는 것이다.

이런 상태가 되면 승부수는 종업원의 의욕밖에 없다.

〈표 12〉 이익이 급증하는 이유

(내가 관계하는 72개 이익 급증회사의 경우)

사장님들의 의견		우리 팀의 의견	
① 종업원의 의욕이 원인	20개사	① 종업원의 의욕이 원인	45개사
② 품질의 향상	15개사	② 취급 품목의 다양성	10개사
③ 취급 품목의 다양성	14개사	③ 톱의 변경	8개사
④ 조직의 변경	13개사	④ 셰어의 확립	7개사
⑤ 톱의 변경	10개사	⑤ 품질의 향상	2개사

앞으로는 신나는 시스템 만들기

사람이 하고저 하는 의욕을 일으키는 것은 서로 마음이 맞고 물심양면의 이해가 일치하는 그룹에서 서로 도우며 신나고 보람차게 업무를 수행할 때이다. 요컨대 기업 이익은 의욕에 불타고 신명나게 일할 수 있는 시스템 만들기가 전제되지 않고서는 발생하지 않게 되었다.

내가 관계를 맺고 있는 회사 가운데, 이익이 급증하는 회사가 약 70개사 있다. 그 사장님들이 말하는 이익 급증 원인과 우리가 경영 컨설턴트로서 본 이익 급증 원인이 표 12인데, 양쪽 다 톱은 사원의 일하고저 하는 의욕이 차지하고 있다. 사원에게 의욕을 가지게 해주는 것이 앞으로 기업의 지상명령이라면, 그것을 실현시키기 위해 먼저 인사 담당자의 역활이 중요하다.

채용·교육·배치 등의 상세한 부문은 얼마후 각 부문의 전문직이 담당할 가능성도 있지만, 그 경우에도 인사 담당자는 특수 전문직으로서 기업 내에서는 가장 인기 있는 자리가 될 것이다. 시류 변화를 충분히 인식해 주시기 바란다.

12. 탈관리(脫管理), 탈시스템 시대

관리 시스템에의 과신은 어리석다

시스템으로 구속하면 엉뚱한 짓을 한다

나는 섬유 부문에서는 수많은 도매상과 관계가 있다. 여기에서 우선 알 수 있는 것은 '우리 회사는 관리 시스템이 잘돼 있지요' 하고 사장이나 간부가 자랑하는 소매회사일수록 구매 태도가 좋지 않다는 점이다. 반품(返品), 전표 누락, 허위 전표 등 사례는 물품과 일(업무) 중심의 시스템이 완벽하다는 회사(소매점) 일수록 많다.

이런 일은 소매점과 도매점의 양쪽에 관계하고 있으니까 자연히 알게 되는 일인데, 소매점의 구매 담당도 인간이다. 물품과 업무 중심의 시스템에 구속되어 숫자에 쫓기다 보면 변변히 일을 못하게 된다.

사업적인 입장에서 이따금 소매점의 사장님에게 사실을 말해 주면, 얼마동안은 믿어지지 않는다는 얼굴을 하다가도 증거를 보여 주면 파래졌다가 노래졌다가 한다. 최근 이런 일이 지금까지는 없었던 양판점에서 결과적으로 불신을 살 만한 사태가 급증하고 있는 것은 업적 저하의 원인을 관리 시스템으로 대체하려는데 그 원인이 있는 것은 아닐까?

아뭏든, 나는 물품과 업무 중심의 관리를 결코 부정하지는

〈그림 2〉 회사와 종업원

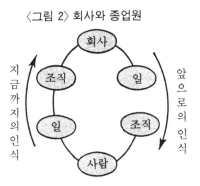

않지만, 업무를 치르는 것은 인간인 이상, 인간 중심의 관리 시스템이 더 낫다고 확신한다. 물품 중심, 혹은 일 중심의 시스템을 한번 검토해 주셨으면 한다.

　내 생각에는 주종(主從)이 역전(逆轉)해 있는 것 같다.

　지금까지는 회사가 있고 업무가 있으며, 조직이 여기에 사람을 채용했다. 지금은 그 채용된 사람이 일을 만들며, 그 일을 효율적으로 실행하기 위해서 조직과 회사가 있는 것이다. 주종을 뒤바꾸지 말기 바란다(그림 2 참조).

리더십의 3원칙

　기업 내에서 사원들은 리더십과 관리 시스템에 의해 자극을 받고 이에 반응한다.

　올바른 관리방법은 그림 3과 같은데, 리더십을 무시하고 관리방법 만능주의를 취하면 그림 4와 같이 된다.

　이 경우, 리더십의 3원칙 중의 제2의 원칙에 따라 '관리 시스템만의 자극은 나쁜 리더십을 대행(代行)한다' 제1의 원칙에 의해 '나쁜 리더십은 악질적인 행동 패턴을 부하에게 유발시킨다'는

〈그림 3〉 올바른 관리수법

리더십의 3원칙
① 아랫사람의 행동 패턴은 윗 사람의 행동 패턴에 비례한다.
② 관리 시스템만의 자극은 나쁜 리더십을 대행한다.
③ 좋은 리더십=지도자……존경의 대상이 된다.
　　나쁜 리더십=지배자……공포의 대상이 된다.

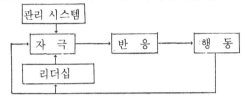

〈그림 4〉 관리수법 만능주의

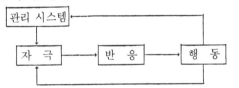

것이다.

　심리학에 '무명성(無名性)의 죄'라는 원리가 있다.

　한마디로 말하면 '무명성은 반사회적 행동을 유발하여 그것을 자기만족감으로 유리하게 이용한다'는 것으로, 퇴행심리(退行心理)라는 말과 같이 '아무리 유능하더라도 외계(外界)가 그것을 인정하지 않으면 스스로 무능자로 후퇴하고, 마침내 반사회적 행동으로써 자기만족을 보상하게 된다'는 것이다.

　시스템에 인간을 관여시키지 않고 단순히 업무와 물품적인 면에만 집착하는 관리 시스템을 만들어도 거기에는 인간적인 피가 통하지 않는다. 무명성의 죄를 조장하고 퇴행심리를 유발하는 따위의 관리 시스템을 과신하는 것은 정말 어리석은 일이다.

　한번 자기의 주변을 둘러보고, 잘못되어 있으면 당장 따뜻한 피가 통하는 사람 중심의 관리 시스템을 채용하기 바란다.

내가 살아가는 이유

김남석/편저 값 15,000원

세계적인 철학가 15인의 행복론과 인생론. 오늘 내가 살아가는 이유는 무엇일까. 나를 위해 살아가는 것일까. 침묵...허무...공허. 그리고 숱한 생각과 생각들. 삶에 있어 가장 중요한 것은 쾌락의 추구가 아니라 내가 존재하는 이유가 있느냐 없느냐가 아닐까? 나의 존재 이유와 삶의 의미를 되새겨본다.

21세기 인간경영

마쓰모토 쥰/ 후나이 유끼오 공저

시대를 앞서가는 경영을 하고 싶은가? 그렇다면 먼저 인간경영을 하라. 일본내 1,500개사 경영고문을 맡으며 30년간 100% 경영실적을 성공시킨 세계적인 경영컨설턴트의 성공노하우. 그가 관여하는 곳마다 성공하는 바람에 세계적인 대기업들이 앞다투어 그의 경영노하우를 배우려 하고 있다. **값 15,000원**

허튼소리 (1. 2권)

걸레스님 중광/저

21세기 최대의 기인! 반은 미친듯 반은 성한듯이 세상을 걸림없이 살다간 한 마리 잡놈 걸레스님! 중 사시오! 내 중을 사시오! 그는 진정한 성자인가? 예술가인가? 파계승인가? 아니면 인간 중퇴자인가? **값 15,000원**

값 15,000원

업(전9권)

지자경/안동민/차길진 공저

세계적인 영능력자 지자경, 안동민, 차길진이 밝히는 영혼과 4차원세계의 전모! 나의 전생은 무엇이며, 전생에 지은 죄는 어떻게 소멸할 것인가? 저승세계는 어디쯤 있을까? 저 광대한 우주 공간의 어디쯤에 천당과 지옥은 있는가? 그리고 어떻게 살다가 갈 것인가?에 대한 명쾌한 해답을 내리고 있다.

영혼과 전생이야기 (전3권)

안동민 편저

당신의 전생은 누구인가? 사후에는 무엇으로 환생할 것인가? 사람이 죽으면 어떻게 되는가? 이승과 저승은 어떻게 다른가? 전생을 볼 수 있는 원리는 무엇인가? 사람은 왜 병들게 되는가? 운명은 누구나 정해져 있는가? 이 영원한 수수께끼에 대한 명쾌한 해답! **값 13,500원**

제 2 장

당장 효과가 나타나는
12개의 실천 항목

13. 손님보다 동업자 대책에 전력을 다하라

생산중심 → 손님중심

→ 경쟁대책의 시대

오버 스토어시대

내가 지도를 맡고 있는 업체에는 대형 백화점이나 대형 판매점 등 이른바 빅 스토어가 거의 다 포함되어 있다.

소매업계도 최근에는 딴 업계와 마찬가지로 공급과잉 상태가 되었다. 오버스토어 시대로 접어든 것이다.

표 13은 백화점·대량 판매점 등의 대형점은 1㎡당 상권(商圈)

〈표 13〉 대형점의 의류 매장 1㎡당
대상인구의 변화

(인구 3만명 이상인 도시)

1967년	70명~3000명
1971년	18명~ 70명
1972년	15명~ 60명
1975년	10명~ 18명

✳ ① 30명 이하가 되면 경쟁에 강한 1등점이나 1
   등점과 비슷한 점포만이 이익이 생기고
   ② 20명 이하가 되면 대도시를 제외하고는 1등점
   만이 이익을 얻을 수 있다.
   ③ 30명 이상이면 3등점, 4등점도 이익을 얻을
   수 있다.

내 대상 인구의 감소 실태를 나타낸 것인데, 이미 적정의 공급량을 훨씬 넘고 있다.

실례를 보자. 대형 체인스토어는 표준점의 체인화(化)가 매스 메리트를 위한 최선의 방법이라 하여 1970년까지는 ① 점포위치 ② 상권 ③ 규모 ④ 상품 구성 ⑤ 점포 구성 ⑥ 가격 ⑦ 상품이나 판매 정책까지 통일하여 표준 점포의 체인화를 위해 전력을 기울여 왔다.

이론적으로 말하면 표준점인 이상 당연히 판매 효율은 같아야만 한다. 사실 68년경까지는 비슷 비슷한 효율이 나타났던 것이다.

그런데 70년경부터는 매장 면적 1㎡당 매출고는 연간 15만엔에서 200만엔까지의 높낮이가 생기기 시작했다. 10배 이상의 차이이다. 더군다나 이것은 상품 내용도, 구성도, 손님수도, 위치도 거의 같은 데서의 점포간 차이인 것이다.

한편, 지금까지 잘 팔리고 있었던 점포가 자기네 점포 바로 근처에 보다 강력한 경쟁점이 생기자마자 매출이 절반으로 줄어 적자 점포로 전락하는 따위의 현상이 나타났다. 대상 고객수는 전과 다름없거나 아니 도리어 더 많아졌는데도.

이유는 간단명료하다. 다음과 같다.

수요과잉이고 경합이 적을 때라면 손님 마음에 드는 점포를 만들어 놓으면 손님은 찾아온다.

약한 경쟁자는 있는 것이 낫다

그러나 공급과잉이 되면, 손님 마음에 드는 점포를 만드는 일도 필요하지만, 그보다도 경쟁점 이상으로 더 손님 마음에 드는 점포 만들기라는 경합 대책이 더욱 중요해진다. 그것은

〈표 14〉 자기 능력이 100이고, 경쟁자 중에서
제일 강한 자의 힘이 아래와 같을 경우

경쟁자 중에서 top의 힘	0	50 이하	50 ∫ 100	100 ∫ 150	150 ∫ 200	200 이상
이익의 순위	2	1	3	6	5	4

＊ 능력을 가진 사람에게 돌아오는 이익 순서는 위의 순위표처럼 된
다.

손님 입장에서 보면, 자기 욕구를 가장 잘 충족시켜 주는 오직
하나의 점포를 뜻한다.

1등점이나 1등과 비슷한 점포 밖에 이익이 나지 않게 되고 있
음을 표 13의 주를 보고 이해하기 바란다.

알기 쉽게 말하면, 메이커나 도매상이나 혹은 소매점이나
공급과잉으로의 진행이 같은 물건, 같은 장사에 있어선 피할
길이 없는 것이다.

이에 따라 ① 자기 중심의 정책, ② 손님 중심의 정책, ③ 경쟁
자 대책을, 손님의 욕구를 충족시킨다는 조건 아래 생각하는
대비(對比) 중심의 정책으로 변경해야 한다. 그리고 지금은 경합
대책 이외에 다른 방법이 없다.

표 14는 경합 대책에 관해서 우리가 정리한 것인데 아주 흥미
깊은 의미를 지니고 있다.

경합자＝동업자라 생각하면, 경합은 자기 힘과 상대방 힘이
비슷할 때에 가장 심하다는 것을 알 수 있다. 그리고 그때는 가장
이익이 나기 어렵다.

자기보다 훨씬 힘이 없는 동업자의 존재는 그런 동업자가
하나도 없는 것보다 오히려 자기에게 플러스가 됨을 이 표는

나타내고 있다.

본서에 게시한 표는 모두 다 내가 경영하는 회사=니혼 마케팅 센터에서 실례를 바탕으로 룰화(化)한 것이다. 가설(假說)인채로 발표한 것은 하나도 없다. ① 가설 → 실험 → 이론화의 과정을 거치거나, ② 현상 룰화의 과정을 거쳐서 얻은 결론뿐이다.

여하간, 경합자 대책=동업자 대책이 앞으로의 마케팅 전략의 결정적인 승부수임에는 틀림없다.

14. 1등주의(一等主義), 포위전략에 투철하라

작은 것이 큰 것에 이길 수 있다

1등주의라면 이익이 난다

기업 경영의 원칙은 시류 적응이다. 시류 적응의 필요성은 이미 설명했다. 그러나 시류에 적응하지 않더라도 살아남는 수가 있다. 그것이 1등주의이나. 시류에 적응히면서 1등주의를 장악할 수 있다면 이것은 절대적이다.

그러나 상품이나 한 가지 장사나 크게는 하나의 산업이든, 라이프 사이클은 끊임없이 단축되는 경향을 나타내고 있다.

한 가지 사업을 영속화 시키는것이 기업 경영의 이익을 위한 하나의 수법이라는 점에서 본다면, 기업은 시류 부적응인 것을 취급하더라도 영속되고 또한 이익도 나는 방법을 강구해야 한다. 이를 위해서는 1등주의 밖에 없다.

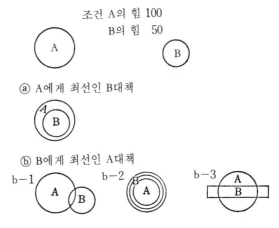

〈그림 5〉 경합대책

조건 A의 힘 100
　　　B의 힘　50

ⓐ A에게 최선인 B대책

ⓑ B에게 최선인 A대책

전항에서 말한 공급과잉＝시류 부적응＝경합대책＝동업자 대책에 있어서, 그 최선의 방법은 1등주의를 고집해 으뜸가는 자리를 차지하는 것이다.

물론 이 1등주의도 총공급량이 수요의 2배 3배나 되고, 1등주의를 취한 일사(一社) 만으로도 수요를 초과하게 되면 신통력을 잃고 말지만, 경제수급의 원칙상 그런 일은 여간해서 일어나지 않는다.

1등주의에 관해서는 앞으로 자세히 설명하겠다.

1등주의의 마케팅 전략

1등주의 중에서도 가장 올바른 마케팅 전략은 포위 전략이다. 알기 쉽게 두 경쟁 기업이 있다고 치자. 이것을 A와 B로 한다. 그리고 A의 힘은 100, B의 힘은 50이라고 가정한다.

이 경우, A가 B에 대해 취할 최선의 방법은 그림 5의 ⓐ에

〈그림 6〉

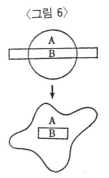

제시하였듯이 B를 둘러싸버리는 것이다.

B가 취급하는 것은 전부 A도 취급하고, 이에 덧붙여 A에게는 B가 취급할 수 없는 것도 있다면, 벌써 거기에는 경쟁이고 뭐고 없다. B의 무조건 항복이 있을 뿐이다.

다음으로 B가 A에 대해 취할 최선의 방법은 그림 5의 ⓑ에 제시하였듯이 세 가지가 있다. 먼저 b－1처럼 A가 다루지 않는 B 독자적인 상품을 주력으로 하는 방법인데, 이것은 독자적인 상품을 가질 수 있느냐 없느냐에 승부가 달려 있다.

내 생각에 소비재로써는 그런 일은 불가능에 가깝다고 판단된다. 인적 요소(人的要素)가 아주 강한 앤티매스 상품이라면 가능성이 있으나 일반적으로는 어렵다고 보아야 할 것이다.

다음은 b－2처럼 A의 바깥쪽을 눌러 싸버리는 방법이다. 그러나 이것도 b－1과 마찬가지로 거의 불가능에 가까워지고 있다. 커뮤니케이션의 발달, 노하우의 교환, 기술 평준화의 현상은 b－2와 같은 장면을 좀처럼 실현시켜 주지 않게 된 것이다.

끝으로 그림 5에서 b－3의 방법인데, 이것은 더욱 가능성이 있다. A의 중심 상품을 공략하면 그 보다도 조금은 자기 쪽이 강해지는 것이다. 물론 A가 그림 6처럼 정책변경으로 대처하면 끝장이지만 의외로 성공 가능성이 높다.

경합대책의 방법은 ① 먼저 상대의 제일 강한 것을 치고, ② 이어서 자기의 강한 것을 늘리는 것이라는 원칙에 부합하기 때문이다.

여기서 전반적으로 생각해 보자.

B는 A의 맹점을 쳐부수거나 허허실실의 술수를 쓰지 않으면 최선의 A대책을 세울 수 없다. 그러나 A는 식은 죽먹기로 B대책을 세울 수 있다. 자기 쪽이 강하고 더욱이 두 배의 힘이 있으므로 B를 둘러싸 버리기만 하면 된다.

동업자로서 살려 두는 것이 낫겠다고 판단되면 B에게 b-1과 같은 정책을 취하게 하면 되고, 족치고 싶으면 ⓐ의 정책을 취하면 된다.

결론으로서, 내가 항상 강조하고 있는 바를 소개한다.

"작은 것이 큰 것을 이기는 방법은 작은 쪽이 큰 쪽보다 머리가 좋을 때에 한한다. 작은 것이 살아남을 수 있는 경우는, 작은 쪽이 큰 쪽보다 머리가 좋거나 큰 쪽이 작은 쪽을 살려두자고 생각했을 때 뿐이다."

1등주의와 그 활용법으로서 포위전략의 의미를 충분히 새겨주기 바란다.

모든 면에 걸쳐 이용할 수 있는 방법이다.

15. 힘에 넘치지는 말고 1등이 되라

사람 · 물품 · 돈 · 정보 등의 1등 대책

마케팅 전략의 두가지 조건

기업 경영의 기본은 역시 '자기 힘에 넘치는 일을 해서는 안된다'는 것이다. 힘에 겨운 일을 하면 환경조건이 여간 좋지 않고서는 결국 힘에 부쳐서 나자빠지게 마련이다.

한편, 현재와 같은 경쟁 격화시대에 살아남으려면 경쟁상대보다도 강해야만 한다. 힘에 부대끼는 일 없이 1등이 되지 않고서는 기업은 생존이 불가능해지고 있다.

이것을 마케팅 전략에 적용시키면 다음과 같이 된다.

그것은 ① 능력 상응(相應) ② 일등 확보라는 두 조건을 충족시키는 ⓐ 상권 ⓑ 대상 ⓒ 취급 상품의 결정이다.

이 경우 능력이 있으면 ⓐ의 상권은 보다 넓은 곳으로 진출할 수 있고, ⓑ의 대상도 몇사람에 국한되지 않고 일반대중으로까지 넓힐 수가 있다. 또 ⓒ의 취급 상품도 단일품목에 한정하지 않고 종합화 할 수 있을 터이다.

따라서 쉽게 말해서 표 15에 제시하였듯이 능력 상응, 1등 확보라는 조건을 충족시킨다면, 상권이 넓어지면 넓어질수록 대상이 일반화 하면 할수록 취급 품목이 종합화 하면 할수록 기업은 이익을 낳을 수 있는 것이다.

〈표 15〉 능력에 따르는 마케팅 전략

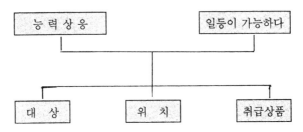

① 매스 메리트를 추구할 수 있다면 더 좋다.
② 위치에 따라 형성된 상권내 인구가 많을수록 좋다.
③ 대상이 일반화 되면 될수록 좋다.
④ 취급 상품이 종합화 되면 될수록 좋다.

　능력이 없으면 1등이 되기 위해 취급 품목을 줄이거나 대상을 특정층에 고정시키거나 좁은 상권에서 장사를 하거나 해야 한다.

　더구나 기업인 이상 되도록 매스 메리트의 추구가 가능하게끔 상권과 대상과 취급 상품의 결정에 신경을 쓸 필요가 있다.

　구체적인 예를 들겠다. 현재는 매스 메리트의 추구가 급속히 어려워지고 있는 시대이다. 그렇지만 어느 정도 이상의 셰어 (시장 점유율)를 차지하고 독점품에 가까운 영향력을 시장에 미칠 수 있다면 매스 메리트를 추구할 수가 있다.

　소비재라도 실용적인 상품이면 지역 셰어 10％ 이상, 기호상품이면 1지방 셰어 10％, 전국 셰어 7％ 이상, 또 고급품의 경우는 전국 셰어 5％ 이상에 오르면 셰어라는 전략 무기를 이용할 수 있으므로 어떤 다양화 상품이라도 매스 메리트의 추구가 가능하다.

기업의 힘은 종합력

그리고, 내가 지금 업무상 특히 주력하고 있는 백화점이나 대량 판매점과 같은 대형점에 있어서는 다음과 같은 일이 실제로 이루어지고 있다. 표준점을 체인화 한다고 해서 모든 점포가 1등점이 될 수는 없고, 지역 차가 있어 여간 어려운 일이 아니지만, 지역 1등점은 하나보다는 둘, 둘보다는 셋처럼 많으면 많을수록 좋다.

왜냐하면 1등점인 이상, 모든 상품을 취급할 수 있다고 볼 수 있는데, 그중에서 실용품적인 상품은 점포 수가 늘어나면 늘어날수록 매스 메리트의 추구가 보다 가능한 것이다.

지역 1등점의 다점포화(多店舖化)가 지금 백화점·대량 판매점의 한 방향으로 정해지고 있는 것은 이러한 이유에 의한다.

능력이란, 기업이 지니고 있는 사람·상품·자금·정보 등의 요인과 그것이 어우러져서 발휘하는 종합력의 크기를 말한다.

1등이란 손님이 가장 기뻐하는 상황의 실현에 능력을 발휘할 수 있음을 말한다.

상권이라는 것은 경쟁하는 터전을 가리키고, 상품·대상·업태 등에 따라 정해진다.

이것들을 잘 조화시켜 보다 넓은 상권에서 보다 좋은 종합상품을 1등이라는 조건을 충족시키는 범위에서 취급할 수 있는 것이 올바른 마케팅 전략이라 하겠다.

현재 대도시에서는 대량 판매점이 능력부족으로 백화점과의 경쟁에 패배하여 이익을 거의 못내고 있다. 지방에서는 능력상응, 1등 유지가 가능하므로 확대되고 있다. 그러나 인구의 대도시 집중화가 하나의 경향이고 보면 대도시에서 1등이 될 수 없는 한, 대량 판매점의 장래성은 기대하기 어렵다.

따라서 지금은 되도록 빨리 능력을 키워 대도시에서 백화점에 대항할 수 있도록 준비를 해야 한다. 이를 위한 단계로서, 지금 인구가 많은 대도시를 피해 굳이 인구가 적은 지방도시로 대형의 빅 스토어가 앞다투어 대형점을 개점하고 있는 것이다. 멀지 않아 대도시 주변에서, 그리고 대도시에서 성공하기 위해 이것은 올바른 전략인 것이다.

16. 기습법 성공의 꿈을 버려라

물품 과잉시대의 기본전략

조 · 헐리의 창문

먼저 표 16을 보기 바란다. 이것은 심리학자 조와 헐리가 작성한 인간의 마음의 설명도(說明圖)로, '조 · 헐리의 창문'이라고 하는데 이것을 표 17처럼 고쳐 작성하여 생각해 보자.

PS＝1, HS＝2, BS＝3, VS＝4로 고치고, 제3자를 대할 때의 상태를 생각해 보면, 1은 자기도 남도 알고 있으므로 정공법(正攻法)을 취하는 것이고, 2는 자기는 알고 있지만 남은 알 수 없도록 하는 것이니까 기습법(奇襲法)과 통한다. 3은 자기는 모르지만 남은 안다. 이것은, 자기는 모르더라도 말하자면, 소가 뒷걸음치다가 쥐를 잡는 식으로 적중하는 수도 있고, 상대가 자충수를 둘 수도 있으니 말하자면 요행수이다. 4는 자타가 다

〈표 16〉 조 · 헐리의 창문

조 · 헐리의 창문(자기의 마음)
심리학자 조와 헐리가 작성한 인간의 마음 설명도

자신이 알고 있다. 남도 잘 알고 있다. (PS)=1	자기는 알고 있다. 남에게는 알리고 싶지 않다 (HS)=2	자신이 ←알고 있는 자기
자신은 모르고 있다. 남은 잘 알고 있다. (BS)=3	자기도 남도 모른다. (VS)=4	자신은 ←모르는 자기

↑ 남이 알고 있는 자기   ↑ 남은 모르는 자기

〈표 17〉 정공법(正攻法)의 시대

①

	남이 아는 자기	남이 모르는 자기
자신이 아는 자기	정공법 1	기습법(奇襲法) 2
자신이 모르는 자기	요행수 3	방법이 없다 4

②

산업의 성쇠(盛衰)	물 품	조 · 헐리의 창문
도 입 기	수요 과잉	3
성 장 기		2
침 투 기	공급 과잉	1
쇠 퇴 기		

모르므로 처음부터 일이 이루어지지 않고, 따라서 아무런 대책도 없다. 설령 무슨 일이 생기더라도 전혀 손을 쓰지 못하니 해프닝에 그치고 만다고 생각했다.

다시 한번 표 17을 보기 바란다. 나는, 현재가 기습법은 통용하지 않고, 정공법으로 나가지 않으면 성공할 수 없는 시대라고 생각한다. 이 점을 설명한 것이 표 17의 ②이다.

모든 산업은 도입기에서 시작하여 성장기·침투기·쇠퇴기의 과정을 거친다. 그 산업이 지금 어느 시기에 와 있는지는 다음 체크리스트에 맞추어 보면 알게 될 것이다.

1. 도입기
　① 매스컴에 이따끔 소개된다.
　② 중소기업 중에서도 선각자 이윤(先覺者利潤)을 추구하는 타입의 경영자가 있는 회사가 달려들기 시작한다.

2. 성장기
　① 매출고 급증
　② 분기별 중앙에 급변점(急變點)이 나타난다.
　③ 이익률이 매우 크다.
　④ 동업자 급증
　⑤ 경기(景氣)에 관계없이 성장한다.

3. 침투기
　① 공급 능력이 수요를 초과하기 시작한다.
　② 이익이 감소하고 이익률은 산업평균에 가까워진다.
　③ 유용한 기술적 개량이 줄어든다.
　④ 합병이나 회사 취득이 빈번해진다.
　⑤ 강한 기업이 주도적으로 셰어를 확립한다.
　⑥ 신규 기업은 성공하지 못한다.
　⑦ 판매고, 이익고 모두가 경기변동에 민감하다.

⑧ 기업의 노력은 매출 증가보다도 코스트 저하, 생산성 향상
　에 집중된다.
⑨ 설비투자에 대한 의욕이 감퇴한다.
4. 쇠퇴기
　① 으뜸가는 기업 이외는 전업·폐업·도산으로 몰린다.
　② 진짜가 이익에 이어지게 된다.

오직 정공법 밖에 통용하지 않는다

　이와 같이 생각하면 대부분의 산업, 상품은 물건을 중심으로
볼때, 현재는 공급과잉이다. 즉, 침투기에 들어 있다.
　달리 말하면 안정기에 들어 섰다는 말이다. 이런 상황에서
일확천금이나 하극상을 꿈꾸는 것은 현명한 일이 아니다.
　그러니 정공법으로, 정정당당히 나아가는 수밖에 없는 것이
다. 기습법은 통용하지 않게 되었다고 스스로 타이르는 것이
좋다.
　그러나 아직 성장기에 걸쳐 있는 기업에서는 기습법이 버젓이
통하고 있다. 예를 들어 슈퍼업계를 보자. 백화점법의 규제에서
빠져나가기 위한 별개 회사의 설립, 구매회사와 판매회사에 부동
산 회사를 따로 따로 차려서 만약에 도산하더라도 책임소재를
묻기 어렵게 한 복잡한 구조, 제3자가 보면 도대체가 무슨 꿍꿍
이 속인지 짐작도 안가는 합병이나 제휴방법 등. 이러한 기습적
인 전략은 슈퍼업계가 성장기를 지나 안정기, 침투기에 접어드려
는 지금 급속히 없어질 것이다.
　부동산의 뒷받침이 전혀 없는, 대량으로 물품을 취급하는 소자
본의 판매회사 따위를 신용할 사람은 앞으로는 없어지리라 판단
되는 것이다.

17. 유통 생산성, 지적 생산성을 추구하라

시대에 따라 추구하라
생산성은 변화한다

상업시대에서 레저시대로 변화하는 생산성

기업경영의 원칙은 시류에 적응할 것과 제 힘을 벗어나지 말고, 경합자에 비해 고객의 요망에 부응하도록 노력하는 것이다.

여기서는 시대적인 변화와 그에 따라 생산성을 올리기 위한 인력관리가 변했고 나아가서는 목적인 추구하는 생산성 자체가 변화하게 되었다는 것을 설명하려고 한다.

먼저 표 18을 보기 바란다.

세상의 변화를 주체가 되는 산업 혹은 가장 많은 부가가치를 생산하는 산업이라는 면으로 볼 때, 농업시대에서 공업시대, 그리고 상업시대로 크게 변해왔음을 부정할 사람은 아무도 없을 것이다. 농업시대와 공업시대는 물자가 부족하였고, 상업시대부터는 물자과잉으로 돌입했다. 또 시대에 따라 가장 가치가 높았던 것이 토지나 물품이었는데, 지금은 '물품이 아닌 것'으로 바뀌려 하고 있다는 사실도 이젠 부정할 사람은 없으리라 생각된다.

각 시대마다, 부가가치 생산성을 올리기 위한 최선의 '인력관리법'도 표 18과 같이 농업시대에는 노예적으로, 그리고 이제까지의 공업시대에는 기계적으로 부리면 되었다는 것도 독자들은

〈표 18〉 산업의 변화에 수반하는 현상의 변화

	농업 시대	공업 시대	상업 시대	레저 시대
연　　대	1920년대까지	1967년까지	68～74년	75년부터
생산성을 올리는 사람 고용방법	노예로서	기계적으로	인간적으로	주체적으로
추구하는 생산성	토지 생산성	노동 생산성	유통 생산성	지적 생산성
중심이 되는 것	〈토　지〉	〈물　품〉	〈물품〉과 〈물품이 아닌것〉	〈물품이 아닌것〉

긍정할 것이다.

그런데 현재는 무엇보다도 사람을 소중히 하지 않으면 능률이 올라가지 않는 시대이다. 이에 대해서는 이미 설명했거니와 하고 저 하는 의욕을 종업원이 가질 수 있도록 해주는 시스템을 갖추는 일이 무엇보다도 중요하다. 공업시대처럼 업무나 기계에 봉사시키기 위해 사람이 존재한다는 따위의 생각을 가졌다간 큰 변을 당하게 된다.

그리고 레저 시대에는 모름지기 사람에게 주체성을 지니게 해 주는 방법이 필요해진다.

그런데 제일 문제가 되는 것은 추구하는 생산성이다. 토지생산성과 노동생산성에 대해서는 이미 알겠지만, 현재는 유통생산성과 지적(知的) 생산성을 추구해야만 하는 것이다.

무드 생산성

유통생산성이란, 물품을 유통시킴으로써 부가가치를 높이는 것을 말한다. 그것은 물품의 유통에 의한 판매가에의 도전인 것으로 물품의 이동을 통해 물품에 무형의 가치를 부가하는 것이라고 할 수 있다. 무형가치에 대해서는 표 18을 참조하기 바란다.

무형가치의 부가라는 것이 물류(物流) 생산성을 올린다는 뜻은 아니다.

생산자 지향형인 사람들은 머천다이징이 이익에 연결되지 않는 시대가 되면 즉시 물류의 합리화에 집착하게 된다. 물류의 합리화는 물론 필요하지만, 그것이 물류 생산성을 올리기는 해도 유통생산성을 올려 주진 않는 경우가 많다.

왜냐하면, 물류 생산성이란 원가에 대한 도전으로, 판매가에 도전하는 유통 생산성과는 본질적으로 다른 것이기 때문이다. 이 점을 혼돈하지 말기 바란다.

현재는 유통 생산성을 올리고 나서 물류(物流) 생산성을 추구해야 한다.

그리고 레저 시대의 도래와 함께 지적 생산성을 추구할 시대가 왔다. 지적 생산성은 무형 가치를 가공함으로써, 혹은 코디닛드 함으로써 부가가치를 보다 높이는 것을 말한다. 레이저 시대에는, 물품은 레저를 즐기는 도구로 소비된다. 이 경우 물품은 그 자체가 주(主)의 성격을 잃고 완전히 종(從)의 것이 된다.

특히 시류 적응과 소비자 지향을 필요로 하는 소매업을 예로 들어 이 점을 좀 상세히 설명하겠다.

생산자 지향시대의 소매점은 물품판매업이었다. 즉 '물건'을 파는 곳이었다. 파는 것이 '물품'인 이상, 싼값이 손님에게는 최대의 메리트였다. 소매점의 역사를 살펴보면, 새로운 형태의 소매점일수록 끊임없이 디스카운트를 무기로 삼아 성공하고 있는 것으로 봐도 알 수 있다.

그런데 1968년경부터 이 상황이 변하기 시작했다. 손님은 소매점에 물품을 살 목적만으로는 가지 않게 된 것이다. 이것을 순서

대로 적으면 다음과 같이 된다.

① 먼저, '물품'을 사는 곳이었다.

② '물품'과 그것에 부수된 기능까지도 요구하게 되었다.

컨설팅 세일즈의 필요가 생기게 된 것이다.

예컨대 가정용 전기 기기 등은 가격보다도 애프터 서비스라는 서비스 기능이 우선하게 되었다.

③ '물품'과 함께 그 주변의 무드를 원하게 되었다.

분수라든가 수목, 깨끗한 내부 장치, 말끔한 조명 등이 있는 점포 등이 더욱 매상고를 올리기 시작했다.

④ 레저(여가)를 즐기면서 물품을 사는 경향이 증가되었다.

결국 소매업은 물품 판매업만은 아닌 것으로 되려 하고 있고, 염가만이 손님에게 최대의 메리트는 아니게 되어버린 것이다.

현재 대량 생산·대량 판매를 금과옥조로 삼고, 가격소구(價格訴求)에 중점을 두어 온 대량 판매점의 실패가 이를 여실히 나타내고 있다.

그리고, 다음에 나타날 새로운 소매업의 형태는 과거와는 달리 가격소구(價格訴求)를 첫째로 내세우는 것은 아니라는 것만은 확실하다.

앞으로의 소매업은 고객에게 충동구매를 유발시키는 것이라야 한다. 또는 '물품' 이외의 기능· 무드를 만끽시키는 것이라야 한다. 그렇다면 그것은 보다 서비스업적인 것, 레저업적인 것, 정보업적인 것이 되지 않을 수 없다고 생각된다.

대도시에서 대량 판매점이 백화점에 이길 수 없게 된 까닭을, 물품판매업적 성격과 백화점의 서비스업적, 정보업적 성격을 비교함으로써 잘 이해하기 바란다.

18. 마케팅의 상식을 깨뜨려라

브랜드 상품은 마지막 몸부림

마케팅 3대 신앙의 붕괴

① 세그먼트 상법은 실패작, ② 디스카운트 상법은 후진국형, ③ 브랜드 사업은 마지막 몸부림, 이렇게 나는 단언한다.

생산자 지향의 결과로 나타난 공급과잉을 개선하기 위해 나타난 것이 마케팅이다.

이 마케팅에서 우선 무기(武器)로 삼은 것이 디스카운트 상법이다. 원가에 대한 도전인데, 대량생산과 대량판매 등이 디스카운트 상법의 응용례(應用例)로서 나타나기 시작했다.

이어서 대량 선전을 배경으로 마케팅이 사용한 무기는 브랜드 상법이었다. 브랜드 이미지를 확고하게 구축함으로써 소비자의 의식을 조작하여 판매 촉진에 연결시키려고 했다.

그리고 그 후, 본격적으로 쓰기 시작한 무기가 세그먼트 상법이다. TPO가 그 대표적 응용이며, 새로운 제품이 용도 · 기능 · 시류에 따라 꼬리에 꼬리를 물고 쏟아져 나왔다.

이들 세가지 마케팅의 무기(상법)가 어떤 때는 따로따로, 어느 때는 같이 편성되어 지금까지 생산자 우위를 지켜 왔다.

무너져 버린 생산자의 권위, 요컨대 몰락한 머천다이징을 대신하여 생산자를 지탱해 온 것은 이와 같은 마케팅이었다.

그러나 소득 증대와 지식 확대 그리고 인간성의 자각에 수반하는 소비자의 의식혁명 앞에서 생산자의 이 3가지 무기로는 소비자를 대항할 수가 없게 되었다.

현재 세계적으로 선진국에서는 이 마케팅의 3대 무기가 날로 무력해지고 있다.

세그먼트는 실패작

그 이유와 상황을 하나하나 설명하겠다. 먼저 세그먼트 상법부터 알아보자.

세그먼트 상법＝전문화 상법이다. 현재 전문화는 종합화를 이길 수 없다. 능력 상응과 1등 확보라는 조건 아래서 취급하는 상품은 종합화 쪽이 보다 유리한 법이다. 능력이 없는 경우, 부득불 전문화가 실시되는 것이다. 뿐만 아니라 전문화ㆍ세그먼트화는 사용자에게 다른 상품과의 코디네이트를 기대해야만 한다. 그러나 오늘날의 소비자는 스스로 코디네이트할 만큼 가난하지도 않고 재주도 없다, 자가가공(自家加工) 같은 것은 엄두조차 내지 않는다. 이미 코디네이트 되어 있지 않으면 관심조차 내밀지 않는 것이다.

지금은 매사에 있어서 뚜렷하게 구분이 어려운 시대이다. 아가씨들이 오빠의 캐주얼을 입고 메인 스트리트를 활보하고 있으며, 놀이와 업무의 구분도 젊은이는 거부하려고 든다. 모든 시류가 세그먼트라든가 구분같은 것에 등을 돌리고 있는 것이다.

디스카운트도 끝장

이어서 디스카운트 상법에 대해 설명하겠다.

　이제 겨우, 어느 정도 돈이 모이기 시작했으므로 지금까지 헐벗고 일만 해왔으나 한숨 돌리고 살펴보니 아무리 봐도 내 꼴이 말이 아니다——이것이 현재의 일본이고 일본사람이다.

　사실, 하수도나 도로나 사회보장 등의 공공면(公共面)은 차치하고, 의·식·주나 레저 등의 생활 관련면에서는 근래 1~2년 사이에 눈에 띄게 현저한 현상의 변화가 나타나기 시작하고 있다.

　소득의 급속한 증대는 역시 '값싸고 나쁜 물건'에서 '비싸도 좋은 물건'이 아니고서는 손님을 만족시킬 수 없게 되어 버렸다.

　소득 수준이 높은 대도시에서는 기호 상품에 관한한, 가격 자체가 구매 결정의 제1요소에서 이미 몰락하기 시작했다.

　가장 브랜드 이미지가 높은 소형 가전 제품 같은 것은 값이 5~15% 싼 슈퍼마켓에서 사기보다도 동일 브랜드 제품이면서도 5~15% 비싼 가전 제품 전문의 대형점에 손님이 몰리고 거기서 사가는 것이다. 무슨 이유인가? 상품이 진열된 매장의 호화로운 분위기, 진열 상품의 다양함, 친절하고 성실한 인간적인 서비스 등이 가격과 관계없이 대도시의 대중을 우선 그곳에 끌어들이는 것이다.

　특히 기호 상품의 대표인 의류품 등은, '염가'가 손님에게 매력으로서 거의 작용하지 않게 되었다. 대량 판매점에서도 염가품이 주상품이었던 점포는 지금 막다른 골목에 이르고 있다. 싼 것, 비싼 것, 셀프 서비스로도 팔 수 있는 것, 카펫이 깔린 호화로운 분위기 속에 패션 모델을 세워야만 팔리는 것 등등, 오만가지 구색을 두루 갖춘 소매점이 의류 소매업의 왕좌를 차지하려 하고 있다.

　디스카운트 상법은 이제 가난하고 물품이 모자라는 후진국

대상이 되어 버렸다.

브랜드는 마지막 몸부림

끝으로 브랜드 상법에 대해 말하겠다.

텔레비전 광고는 역시 지명도를 높이는 데는 큰 효과가 있다. 그러나 상품의 매출에는 그다지 기여하지 않게 되었다. 제약회사에서도 종전처럼 텔레비전 광고를 하는 외에도 약국에 영업사원을 파견하여 권장 판매를 하지 않으면 안 팔리게 되었다. 무슨 까닭일까? 지금은 질 나쁜 상품이 없어진 시대이다. 더군다나 소비자의 가치관은 일반적인 것보다 개성적인 것으로 변화해 왔다. 유명한것 보다도 자기의 기호가 구매 결정의 포인트가 되며, 모르는 상품에 관해서도 매스컴보다는 실용자가 소곤거리는 '귓속말' 정보가 중요 포인트가 된다.

이와 같이 마케팅은 그 주력 무기가 무력해져 지금 크게 변하려 하고 있는 것이다.

19. 유아화(幼兒化), 섹스화 상품을 잡아라

주고 싶은 마음, 먹고 싶은 마음,
이 말이 암시하는 것

미니미니, 스끼스끼, 부찌부찌

물품이 남기 시작한 시점에서 인간이 관여하는 비중이 큰 업태일수록 매스만을 지향하면 업적이 저하한다는 것이 이젠 경영의 기본원칙으로 되었으며, 수많은 사례가 이를 증명하고 있다.

최근 4~5년간의 실례인데 구조개선에 노력하고 있는 섬유 2차제품 메이커들은 합리화=매스화=생산 과잉=가격 하락=생산성 저하라는 단계를 밟아 왔고, 대형 원자재 메이커들 마저 이 모순에 울고 있다.

여기서 관점을 바꿔 세태를 한번 살펴보자.

매스의 나라 미국에서도 소매업에서 세그먼트점, 디스카운트점이 경영 부진으로 고민하고 있다. 메이커나 소매업의 유행(패션) 지도는 공염불이 되어 버렸다.

그리고 패션의 방향은 바야흐로 자유화·유아화(幼兒化)·섹스화(化) 현상을 나타내기 시작했다.

현재 일본뿐만 아니라 선진국에서는 유아어(幼兒語), 섹스어(語)가 범람하고 있다. 일본어의 경우는 다음과 같은 '2음반복의 4음절 말'이 특히 많아졌다.

　　미니미니(mini mini, 영어)
　　스끼스끼(좋아 좋아, 일본어)
　　뿌찌뿌찌(petite petite, 프랑스어)
　　니따니따(히죽 히죽, 일본어)
　　게바게바(Gewalt Gewalt, 독일어)
　　고리고리(바각 바각, 일본어)
　　다끼다끼(안아 안아, 일본어)

이들 말은 청각과 촉각으로 감지할 수 있는 말이며, 유아가 쉽게 암기할 수 있고 발음할 수 있는 말이다. 그리고 섹스적인 말이다.

거기에는 ① 자유롭고 싶다.

② 매이고 싶지 않다.

③ 필링(느낌)으로 행동하고 싶다.

④ 생각하고 싶지 않다.

이런 풍조가 있다.

이같은 자유화·유아화·섹스화 현상은 그 결과로서 다양화(多樣化)를 가져오고, 매스 체제의 파멸을 초래하려 하고 있다.

코디닛드함으로써 매스를 다양화와 연결하려는 이론은 이제 패션계에서는 완전히 무용지물이 되었다.

패션화(化)

유아화·섹스화 현상을 뒷받침하는 또 하나의 경향은 여성용 의류에 뚜렷이 나타나고 있다. 유행을 선도하는 뉴욕이나 런던의 매춘부는 1965년경에 이미 미니 스커트를 입고 있었다. 68년경에는 핫팬츠를, 그리고 최근에는 기저귀 커버 비슷한 것을 착용하기 시작했다.

옛날에 소학생이 입었던 미니 스커트가 유치원 어린이가 입는 핫팬츠로 되고 마침내 아기가 찼던 기저귀 커버로 유행화한 것이다. 마찬가지로 그것은 보다 섹스어필한 것으로 변하고 있는 것이다.

유아화·섹스화는 기성 체제에 대한 반항 및 방자함과 감정 본위로의 이행(移行)을 나타내고 있다. 이것을 패션화라 한다.

상품의 라이프 사이클이 단축되면서 개성화의 강화가 실험판매에 의한 생산을 제외하고는 히트 상품 제작의 방향 설정을 아주 어렵게 할 것 같다.

먼저 그림 7을 보기 바란다. 이것은 내가 생각하는 현재의 상황에서 최선이라고 여겨지는 패션 상품의 상품 기획 시스템이

〈그림 7〉패션상품의 상품기획 시스템
(현재의 일본에서는 이것이 최선)

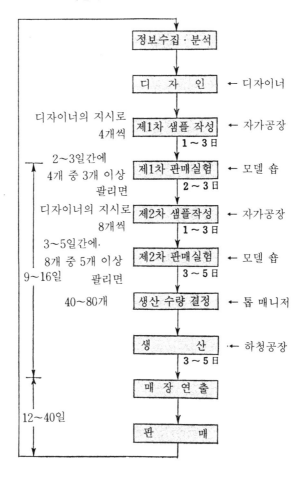

다. 이 상품 기획 시스템은 '동일 장소의 유행 주기는 최저 28일간이다'라는 원칙에서 시작되고 있다.

최선의 상품 기획 시스템

이 28일간이라는 숫자는 조사 결과 나온 것으로 나처럼 의류품의 원자재에서 소매점 까지 그 유통의 전단계에 걸쳐 관계하고 있는 사람이면 간단히 알 수 있는 숫자이다. 또 일본 국내에서 가장 유행이 빠른 곳과 늦은 곳에서는 제일 유행에 민감한 상품이라도 14일간의 차이가 있다.

결국, 이 조건을 충족시키는 기획 시스템은 실험 판매와 그 결과로 팔린 것을 되도록 단시간에 제품화 하는 능력을 조화시킬 수 있으면 최선이 된다.

현재 여성 프레타포르테(고급 기성복)이 빠른 데서는 반나절이면 제품화 할 수 있고 신사복도 2~3일이면 충분히 제품화 할 수 있는 공정을 갖추고 있다.

옷감을 미리 건조실에 넣어 둔다는 조건하에서는 가볍게 팔리는 제품을 단시간에 만들 수 있다. 실험 판매를 통해 팔린다는 것을 알고 있으나, 원패턴 40장 내지 80장 정도밖에 만들지 않으므로 첫째 반품이 없다. 뿐만 아니라 고부가가치를 취할 수 있다.

그야말로 땅 짚고 헤엄치고, 꿩 먹고 알 먹고 하는 식이다.

지금 우리는 전력을 다해 감정의 신비성(神秘性)에 어프로치(접근)하고 있다. 하지만 그 성과가 언제 기업면적으로 눈부시게 전개될지는 지금 단계에서 미지수이다.

왜냐하면, 감정이란 문득 솟아오르는 것이며, 원시적·본능적·충동적·자아적·개성적인 것이기 때문이다. 감정은 감각처럼 일원화 되기 어려운 것이다.

그런데 텔레비전의 발달은 감정 인간을 날로 격증시키고 있다. 비논리의 세계, 이것이 앞으로의 세계라고 한다면 현재로서 여기에 제시한 방법 이외에 달리 패션화에 대응할 좋은 방법은 없는 것이 아닐까.

이밖에도 유아화·섹스화 현상은 인간의 원초적인 감정에 직선적으로 와 닿는 상품을 히트시켜 왔다.

마케팅계에서는 이미 상식으로 되어 있거니와 섹스를 연상시키거나 거침없이 표출하면 그것은 반드시 히트한다. 코카콜라의 병 모양, 마루젠(丸善) 석유의 기사회생의 포스터, '안내(상품명)의 매혹적인 이미지 작전 등이 이를 증명한다.

감정시대=필링 시대, 섹스 시대, 유아화 시대, 그것은 꽤 까다로운 것 같지만 방향만 어긋나지 않는다면 거기에는 의외로 재미나는 일이 많은 것이다.

20. 손님의 앙케트는 믿지 말라

사람은 거짓말과 허세와 자기 과대평가로 살고 있다

앙케트 조사의 거짓

내가 사장으로 있는 주식회사 일본 마케팅센터는 컨설턴트 회사인 동시에 시장 조사를 주로 하는 회사이다.

나는 수년 동안 시장조사를 하면서 여러가지 재미있는 일을 알게 되었다. 그 중에서도 특히 마케팅면에서 유념해야 할 일은 조사 방법이다.

나는 앙케트 조사를 별로 믿지 않는다. 그것은 사람이 거짓말을 하는 동물이고 조사 상대의 기분을 감안하여 대답을 하기 때문이다.

다음과 같은 어처구니 없는 실예가 있다. 대형 판매점인 모회사가 도쿄의 어떤 지역에 점포를 냈다. 물론 점포를 내기 전에 시장조사를 충분히 했다. 상권내 인구가 약 60만명은 된다기에 거기 맞추어 점포를 시설했다. 그러나 문을 열고 보니 전혀 손님이 없으므로 어느 조사회사에 상권 인구조사를 의뢰했더니 역시 60만 내지 70만이라는 것이었다. 개점에 앞서 회사측이 조사했을 때도, 의뢰를 받은 조사 회사가 조사할 때도 똑 같이 앙케트 용지를 들고, 'ㅇㅇ지구까지 쇼핑 가시는 일이 있습니까?' 하면서 이 사람에게 묻고 저 사람에게 물으며 상권을 두루 돌았으니 그 같은 답이 나올 수밖에 없는 것이다.

조사 방법에 따라 결과가 달라진다

손님도 여전히 없고 매출도 여전히 없자 '뭐가 잘못 되어도 한참 잘못 된 것 같다'면서 이번에는 우리 회사에 조사를 의뢰했다. 나는 '사람은 거짓말을 하고 남에게 돋보이려고 허세를 부리니까 물품이 대답하게 하거나 추적조사, 실질적인 조사 이외에는 신용할 수 없다'는 방침을 취하고 있었으므로, 사원들을 풀어서 의뢰 회사의 점포와 그 주변의 점포를 이용하는 손님들을 추적시켰다. 결과는 상권내 인구는 18만명이었다.

그 점포는 18만명으로 고객 대상을 변경하여 지금은 좋은 성적을 올리고 있는데, 60만과 18만의 차이는 앙케트 조사의 방법에 있었던 것이다.

나는 권위있는 전문가가 아니면 앙케트 조사로 진짜 답을 얻기는 어렵다고 보고 있다.

사람은 일반적으로 거짓말을 하고 남에게 돋보이려고 허세를 부린다. 자기를 과대평가하고 타인을 과소평가하면서 살고 있는 것이 인간이다. 모두 다 제 잘난 맛에 살고 있는 것이다.

나는 사업적으로, 때로는 친분관계 때문에 더러는 경영에 개입하고 그 실태를 눈으로 확인한다. 그런데 그 경영 실태에 대한 매스컴의 발표를 보면, 오해를 유발할 수 있는 기사가 너무나 많다. 예사로 듣고 대강 대강 읽으면 80%쯤 오해할 가능성이 많다. 아니, 아마 오해할 것이다. 이것은 추측이나 평판이 얼마나 사실과 다른가를 보아도 충분히 증명된다.

정답은 물품이 낸다

우리 회사의 시장조사는 섬유업계를 위시하여 소비재 업계 등에서 꽤 인기가 높다. 이것은 조사비가 비싸지만, 앞서 말했듯이 거의 다 '물품'이 답변하는 방법을 쓰고 있기 때문이다.

시장조사가 아직은 미래 예측적인 조사의 노하우를 개발하지 못했다. 그 분야는 과거에서 현재까지이고, 그로부터 이후는 추계학(推計學)의 분야와 미래학의 분야인 것이다.

그러므로 서투른 앙케트 조사로 실패하지 않도록 주의해야 할 것이다.

우리 회사에서 시행하고 있는 시장조사는 마케팅 전략 결정을 위한 것이 대부분이다. 능력 상응과 1등 확보를 위해서는 어느 상권, 어떤 대상, 어떤 상품이 가장 바람직한가를 거시적인 시장

전망 아래 구체적으로 '물품'을 중심으로 조사한다.

'거시적인 시장 전망'은 상직적인 것, 예를 들면 1인당의 소득, 소비액, 경향 등을 잘 파악하고 또 장차 발생할 수 있는 경합 상황 등도 충분히 추정한 후에, 그런 조건 아래 1등주의를 확보하는 전략을 짜는 일에 역점을 두고 있다.

1등주의를 추구하지 않아도 되는 수요과잉의 시류 적응 상품이라든가, 시장을 비싼 경비와 시간을 들여서 일일이 조사하지 않더라도 경영자가 감을 잡을 수 있고, 파악할 수 있기 때문이다.

어쨌든, 시장조사는 흥망을 가르는 결전의 작전계획이라는 인식 아래, 철저히 신뢰할 수 있는 수법에 의해 이루어져야 한다.

그리고 그 결과는 충분히 존중되어야만 한다.

21. 이노베이터를 잡아 성장 상품을 만들어라

상품 제조의 승부수

유행은 어떻게 시작되는가?

지금 상품 제조의 전문가들 사이에서 가장 문제가 되고 있는 것은 이노베이터를 어떻게 잡느냐 하는 과제이다.

그림 8은 인간을 스윙(무슨 일에고 잽싸게 덤벼드는 사람), 이노베이터(혁신자), 전기 추수자(前期追隨者), 후기(後期) 추수

〈그림 8〉유행 사이클과 이노베이터

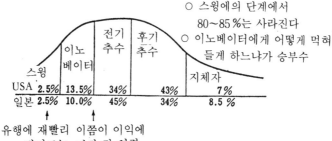

○ 스윙에의 단계에서
  80~85％는 사라진다
○ 이노베이터에게 어떻게 먹혀
  들게 하느냐가 승부수

유행에 재빨리   이쪽이 이익에
달려드는   가장 잘 연결
사람   된다.

＊ 이노베이터의 특성

일리노이 대학 W.E. 벨의 조사에서

① 세대주의 직업은 관리직이거나 전문직
② 교육 정도, 소득 정도가 매우 높다.
③ 주거에 아주 많은 돈을 들인다.
④ 이노베이터임을 자각하고 있다.
⑤ 이노베이터라는 지위를 고수하고저 한다.

자, 지체자(遲滯者)로 나누었을 때의 현재까지 실험을 통해 파악
할 수 있었던 미국과 일본의 비율을 나타내고 있다.

유행에는 먼저 스윙이 덤벼 든다. 그 중에서 약 10~15％쯤이
이노베이터의 인정을 받는다. 이 이노베이터가 인정을 하고 착용
또는 사용했을 때에 그 상품은 비로소 성장 상품이 된다는 것을
확실히 알 수 있게 되었다.

그럼 이노베이터란 어떤 사람들일까. 일본에는 아직 전문적인
연구 데이터가 없으나, 미국에서는 일리노이 대학의 W.E. 벨이
흥미 있는 연구 결과를 발표한 바 있다. 그의 연구의 결론은 그림
8의 주와 같다.

다소 극단적인 표현이지만, 인간이 마구잡이 → 표준화 → 개성
화로 발전한다면, 스윙은 마구잡이 단계의 사람들이고 이노베이
터는 개성화의 단계에 이른 사람들이라 할 수 있다.

나는 판매 촉진의 한 수법으로서 이노베이터의 실태를 파악해 보려고 약 2년 전부터 가전제품 메이커, 자동차 메이커, 백화점, 전문점 등에서 각종 자료를 모으기 시작했다.

그 결과, 앞으로 이노베이터의 중요성은 점점 증대할 것이라는 결론을 얻게 되었다.

22. 사치 상품의 승부수는 소문임을 알라

소문은 이노베이터에서

사치 상품의 웨이트(중요도) 변화

여기서 이야기가 약간 본론으로부터 벗어날지도 모르겠으나, 앞서 말한 조사에서 부차적으로 나타난 흥미깊은 현상을 두서넛 들어 보겠다.

1. 대중 선전은 최종적으로 매스컴에 의해서가 아니라 소문에 의해 결정된다. 사치품의 웨이트(weight : 중요도)가 소비재 중에서 표 19와 같이 내가 관계하는 대형 소매섬에서는 변했다.

   경제평론가인 다카시마 요(高島陽)씨는 현재 일본에서 사치 품의 비율은 아직 20%밖에 되지 않으며, 미국은 60%, 유럽은 50%쯤 된다고 말한다. 수치의 정확성은 어쨌든, 이미 근원상품(根源商品)의 시대가 아닌 것만은 틀림없다. 이 '사치품'에 대해서 매스 선전은 거의 효과가 없다.

2. 이노베이터에 대한 유효한 선전 방법은 입에서 입으로 전해

〈표 19〉근원상품(실용품)과 사치상품

연도 \ 상품	근 원 상 품	사 치 상 품
1967년	92 %	8 %
1969년	70 %	30 %
1971년	65 %	35 %
1972년	55 %	45 %
⋮	⋮	⋮
1975년	30 %	70 %

지는 소문이지, 결코 매스컴 선전은 아니다. 그리고 사치품
은 그들이 좋다고 권하지 않으면, 혹은 자기가 쓰고 있다는
것을 남에게 보이지 않으면 절대로 보급되지 않는다.
3. 현 단계에서 일본에서의 이노베이터는 구 제국대학(帝國大
學)과 와세다(早稻田), 게이오(慶應) 양대 명문 사립대학
출신자의 가족이라고 보아 거의 틀림없다.
4. 이노베이터는 스윙에 대해 가장 긍정적으로 이해한다.

상품의 사회 적응성

표 20은 상품의 사회 적응성의 체크리스트로서 내가 사용하고
있는 것인데, 이 가운데 5점 항목에 들어 있는 것에는 스윙적인
것, 4점 항목의 것에는 이노베이터적인 것이 많다. 아무쪼록 이
표를 독자의 상품에 비추어 활용해 주기 바란다. 또 이노베이터
를 어떻게 확보할 것인가, 어떻게 이용할 것인가를 앞으로의
과제로 삼기 바란다.

〈표 20〉 상품의 사회 적응성 체크리스트

항목 \ 점수	5	4	3	2	1
1 수 명	잠 재 기	도 입 기	성 장 기	침 투 기	쇠 퇴 기
2 소 구 점	감 정	감 각	대 비	기 능	가 격
3 경 합	독 점 품	독 창 품	선 발 품	독과점품	경 합 품
4 종 류	서비스품	소 비 재	내 구 재	업 무 재	생 산 재
5 특 허	있음(자사)	——	없 음	——	있음(타사)
6 대 상	일 반	성 별	계 층	특 정	특 수
7 구매방법	전 시	설 명	실 연	테 스 트	시 험 용
8 생 산	소량로트형	——	양 산 형	——	설 비 형
9 점포적성	한정없음	일 반 점	전 문 점	대 형 점	백 화 점
10 시장범위	국 내 외	전 국	대 도 시	도 시 부	농 어 촌

20점 이하   사회 적응성   불가(그만두는 것이 좋다)
20~30점   사회 적응성   가 (앞으로 2~3년의 수명)
30~40점   사회 적응성   양 (지금 제일 벌이가 좋다)
40~50점   사회 적응성   우 (2~3년 후의 주력 상품)
50점 이상   사회 적응성   ? (지금부터 착수할 것)

23. 다른 업계를 공략하라

종합화를 위한 라인로빙의(공략) 방향

앞으로 기업의 진로는 이쪽이다

① 종합화 ② 대형화 ③ 레저화 ④ 패션화를 지향하라.

〈표 21〉 다른 업계로의 라인로빙은 무엇이 좋은가?

생 활 관 련		지 식 관 련		이 권 관 련	
의	×	교 양	○	개 발	○
식	×	교 육	△	노 하 우	△
주	○	종 교	○	인재은행	○
레저	○	미	○	부 동 산	×
		정 보	×		
		싱크탱크	△		

○ : 구미에 비해 일본이 뒤져 있는 것
× : 구미에 비해 일본이 발전해 있는 것

세상이 수요과잉에서 공급과잉으로 변화한 현재, 소비자가 좋아하는 요소를 상품에 반영시킨 기업은 압도적으로 강세를 발휘하게 된다.

즉, 수요과잉 시대에서의 생산자 지향, 매스 지향, 원가에 대한 도전에서, 공급과잉 시대에는 소비자 지향, 앤티매스 지향, 판매가에 대한 도전을 완수한 기업만이 가장 많은 이익을 올릴 수 있다.

격화하는 경쟁을 이겨내고, 소비자의 다양성에 부응하자면 앞으로는 어떤 방향이 기업을 위해 가장 유리할 것인가?

나는 그것을 종합화 · 대형화 · 레저화 · 패션화의 방향이라고 말하고 싶다.

공략(攻略)의 3조건

그럼 종합화 전략을 수립하려면 어떤 방향과 어떤 방면으로의 라인로빙[이것을 공략이라고 한다]이 좋을까.

첫째 조건은 경쟁이 심하지 않는 아이템, 그리고 둘째 조건은 일본이 미국이나 유럽에 비해 아직도 뒤져 있는 아이템이다.

표 21을 보기 바란다.

누구나 인정하듯이 생활관련 상품에서는 먹는 것과 입는 것이 구미보다 오히려 앞서 있지만, 주거(住居)나 레저 부문에서는 상당히 뒤져 있다. 또 지식관련 상품에서도 종교나 미의식(美意識)이 혹은 교양에 관한 분야가 구미에 비해 엄청나게 뒤져 있다.

옛날의 일본인은 미의식이 있었으나 최근에는 이것보다도 경제중심이다. 또 일본인은 교육수준은 높지만 교양수준은 낮다. 정보는 일본이 미국과 함께 가장 발달되어 있다. 다른나라 사람들이 지금부터 달려들더라도 이미 경쟁자가 앞서 있고 계속 개발되고 있으므로 성공은 어려울 것이다. 이권(利權)관련 상품에서의 부동산 분야는 그것만으로는 돈벌이가 되지 않겠지만 생활관련 상품과 일체화시켜 생각하면 좋은 결과를 낳을 것이다.

시류에 적응하기 위해서도 기업은 라인로빙해야 한다. 그렇다면 이상과 같은 발상에 따라 추진하는 것이 현단계에서는 가장 좋은 방법이 될 것이다.

그리고 공급과잉 시대인 현재는 경쟁상대가 하나 이상 있으면, 손님의 욕구를 제일 잘 충족시켜 주는 오직 한 군데에만 대다수의 손님이 주목하고, 둘째 이하의 곳에는 여간해서 걸음을 옮기지 않게 된다. 그래서 대형화는 손님의 욕구를 제일 잘 충족시켜 준다. 즉 손님의 심리를 가장 정확하게 파악할 수 있는 방법이다.

〈표 22〉 어느 대형 판매점 의류품에 대한
목적 쇼핑의 비율

1969년	50 %
1970년	40 %
1971년	25 %
⋮	⋮
1975년	20 %

앞으로는 충동 쇼핑의 시대

현재와 같이 물품이 넘치게 되면 손님은 이미 가질 물품은 다 가지고 있는 터이므로, 오일쇼크 후에도 목적 쇼핑을 하지 않게 되었다. 표 22는 어느 대량 판매점에서 집계된 의류품의 목적 쇼핑 비율인데 이것만 봐도 알 수 있듯이 의류품도 이제는 목적 쇼핑 상품이 아니라 충동 쇼핑 상품인 것이다.

소비자의 욕구가 멋을 내기 위한 사치품으로 변화함에 따라, 점포나 상품에도 충동 쇼핑을 유발하는 요소가 필요해진다.

즉, 물품 이외의 부가가치로써 소비자를 끌어당겨야 한다. 이것이 레저화·패션화를 지향케 하는 큰 이유이다.

인간 생활의 기본은 '결핍의 충족'에서 '욕망의 추구'로 변화해 왔다. 이에 따라 소비자의 욕구는 변화했다. '결핍의 충족' 시대에 는 '우선 갖추고 본다'거나 '무엇으로든 때운다'는 생각이 일반적 이었다.

그러나 '풍요로운 시대'에 일본이 들어서자마자 상황은 완전히 바뀌고 말았다. 여러 가지 가운데서 탐나는 것만을 고를 수 있게 된 것이다. 상품에 따라서는 아직 불충분한 것도 있으나 대개는 탐나는 것을 손에 넣을 수가 있다. 값이 싼 것뿐만 아니라, 이젠 내구소비재도 마음대로 고를 수 있는 것이 많다. 예를 들면 자가용차의 경우, 세단이 있고 쿠뻬(2인승 자동차)가 있다. 최근에는 각 메이커마다 하드톱의 판매에 주력하고 있다. 모양뿐만 아니라 차내의 설비나 메커닉도 마음대로 선택할 수 있다. 그야말로 와이드 셀렉션(광범위 선택)인 것이다.

패션시대

'당신에게 맞추어 만들었습니다'라는 캐치프레이즈가 최근 눈에 띈다. 완전히 소비자 주체의 발상이다. 메이커로서도 생산자 지향으로는 틀렸으며, 이제는 소비자 지향이라야만 하겠다고 느끼고 이 문제를 진지하게 검토하기 시작했다.

그러나 기업은 여기에서 커다란 문제에 부딪친다. '매스' 방식으로 규모있는 메리트를 추구해야겠는데 매스로 하면 아무리 해도 소비자의 의향을 만족시킬 수가 없다. 그렇다고 소비자의 희망을 일일이 듣고 있다간 도무지 장사가 되질 않는다.

이런 망설임은 누구에게나 있는 법이다. 망설임이 생겼을 경우엔 '눈을 크게 뜨기'를 권한다. 망설림이 생기면 아무래도 자기 바로 옆밖에 볼 수 없는 법이다. 눈을 크게 뜨면 주변의 상황이 의외로 잘 보이는 수가 있다.

나는 늘 '시류 적응'이 경영의 제일 원칙임을 강조한다(경영에서는 원칙을 충실히 지키는 것이 성공의 길이다). 이 원칙에 입각하여 앞서 말한 문제를 생각하면 곧 해답이 나오리라고 생각한다.

인간은 '결핍의 충족'에서 '욕망의 추구'로 변화해 왔다. ──이것이 시류이다.

풍요로운 사회에서는 '종전과 같은 것'으로 만족할 수 없게 된다. 보다 많은 것 중에서 자기에게 맞는 것을 선택하는 일에 만족을 느낀다. 사람은 되도록이면 남과는 다르고 싶기를 원한다.──이것이 시류이다.

시류에도 여러가지가 있다. 그러나 많은 상황 중에서도 불쑥 떠오르는 요소가 있다. 그것에 의해 시류가 또렷해지는 말이 있다.

그것은

고급화이고,

다양화이며,

개성화이다.

패션 시대가 왔다는 것을 암시하고 있다.

즉, 앞서 말한 시류 적응의 원칙에 입각해서 보면, 소비자의 의향을 가능한 한 많이 반영시키는 것이 상책이라는 결론이 나온다.

24. 탈섬유(脫纖維)의 방향을 잘 잡아라

업계 라인로빙(공략)의 방향

나와 가장 교분이 두터운 섬유업계는 지금 사면초가에 처해 있다. 소비의 한계, 수입의 증가, 수출의 정체, 생산설비(생산능력)의 과잉이라는 조건을 안고 있기 때문인데, 객관적으로 보아 지금으로서는 별로 신통한 대책이 없다.

사량(絲量)으로 환산해서, 연간 233만 t 의 옷감 생산 능력은 아무리 따져봐도 20 %쯤은 과잉이다.

의류품 또한 그 생산 능력이나 수입량 규제의 어려움 등을 감안할 때 판매 단계에서도 마찬가지 고민을 안고 있다.

패션화·기성복화·유통 경로의 합리화·설비 합리화 등으로 간단히 타개할 수 있는 단계는 벌써 지나가버렸다.

그렇다면 필연적으로 탈섬유로 나아가는 수밖에 없다. 업계 전체가 라인로빙을 하지 않을 수 없을 것이다. 그 경우, 어떤 방향을 지향하고 어떤 방법을 취할 것인가.

먼저 2차산업과 3차산업의 링커로서

2차산업이라고 일컬어지는 각종 공업 중에서 가장 3차산업에 가까운 것은 섬유공업일 것이다. 그 중에서도 기성복 공업은 제3차 산업적 2차산업이라 할 수 있겠다.

왜냐하면 그것 자체가 스스로 판매 체제를 필요로 하는 것이기 때문이다.

판매력이 없는 기성복 메이커는 전혀 이익을 낳을 수 없는 기업이 되어버린다.

앞으로의 세상은 3차산업의 사회이다. 1차산업, 2차산업에서 3차산업으로 사람이 흘러 간다. 생산액도 부가가치도 3차산업에서는 높아진다.

그렇다면 지금 제일 중요한 것은 이 2차산업에서 3차산업으로 이행하는 링커 역할을 할 사람이요, 기업일 것이다.

제조업과 도매·소매업의 두가지 기능과 역할이 앞으로 10년간은 일본에서 가장 중요한 것이 될것 같다.

그리고 이에 따라 섬유업계 사람들이 고부가가치의 참뜻과 코디닛드 테크닉 등을 몸에 익혀 제3차 산업인으로서도 핵심적인 역할을 분담하게 될 것이다.

생활관련 산업 전체의 리더로서

일본의 소비재 산업, 이른바 의·식·주·레저 등의 생활관련 산업은 생산재 산업에 비해 일반적으로 취약하다. 그러나 앞으로는 생활관련 산업의 세상이 온다. 더욱이 소비자 대중은 종합화·패션화·레저화를 바라고 있다. 섬유 자체만으로는, 또 의류품 자체만으로는 대중을 만족시킬 수 없다.

이미 기능별, 목적별 코디네이트 시대로 접어 든 느낌이다.

이렇게 생각하면, 의·식·주·레저 관련 상품 중에 섬유산업이 차지할 수 있는 여지가 얼마나 많은지 알 수 있다.

보다 쾌적한 생활을 위해 섬유업계는 생활관련 업계의 리더가 되어야 한다. 이것은 수년 전부터 자명한 일이었으나 낡은 전통이 업계 종사자들을 속박하고 있었다. 그러나 주변 정세로 미루어 좋든 싫든 간에 섬유업계와 여기에 종사하는 사람들은 이런 방향으로 나아가지 않을 수 없을 것이다.

섬유업계에서 라인로빙의 방향

생활관련 산업뿐만이 아니라 섬유업계는 지식 관련산업, 이권 관련산업에 라인로빙하게 될 것이다.

왜냐하면, 섬유의 중심적 역할을 맡아 온 의료품은 패션화의 물결과 더불어 '물품으로서의 의료품'보다도 '물품 이외의 가치를 지닌 의료품'으로의 탈피를 하지 않을 수 없게 되었기 때문이다. '물품 이외의 가치'를 쉽게 말하면 그것은 미의식(美意識)

〈표 23〉 섬유업계가 다른 업계로 라인로빙할 가능성

생활관련산업			지식관련산업			이권관련산업	
의료품 관련	△	교 양	○	개 발	○
식 품 관련	△	교 육	△	노 하 우	△
주 거 관련	○	종 교	○	인재은행	○
레 저 관련	○	아름다움	○	부 동 산	△
		정 보	×		
		싱크탱크	△		

이고 교양이며 노하우이고 권위이다. 이것들은 지식관련과 이권 관련 산업의 핵심을 이루는 것으로, 다른 산업에 비해 가장 최단 거리에 있는 것이기 때문이다.

나는 생활관련, 지식관련, 이권관련 산업에의 섬유업계의 본격 적인 라인로빙이 엔절상(円切上)에 의해 3~4년은 앞당겨졌다고 본다. 그리고 결국, 그것은 섬유업계의 장래로 봐서 크게 플러스 가 될 것이다.

표 23은 라인로빙의 성공성을 나 나름대로 섬유업계와 업자들 을 판단하여 생각한 것이다.

○표는 90% 이상의 확률로 성공할 수 있는 것.

△표는 하기에 따라 성공률이 높은 것.

×표는 특수한 업자 이외는 실패하리라고 생각되는 것이다.

어쨌거나 섬유업계는 가장 일본인적 업계이다. 전화위복을 위해 마크로적 관점에서 엔절상을 플러스로 전환시키리라고 확신한다.

재료별 산업의 시대는 바야흐로 종말을 고하려 하고 있다. 이것은 세계적인 추세이다.

엔절상이 섬유업계의 시류 적응을 위해 전향적이고도 효과적 인 면에서의 일조가 된다는 것, 또 이를 위해 보다 마크로적 시야

에 입각한 고찰이 업계 내에서 이루어지리라는 것을 믿어 마지
않는다.

제 3 장

인간시대의 신뢰 관리

25. 스파르타식 관리로 회사를 망치지 말라

방임 관리의 권장

인간 성장의 3단계

인간은 가장 성장했을 때에 최고 능률을 올릴 수 있고 최고 효율을 낳는다. 가장 성장한 인간이란, 개성화를 달성하고 흔들림이 없어 남보기에도 듬직한 느낌을 주는 사람을 말한다.

나는 인간의 성장과정을 1, 2, 3단계로 나누고 있다. 알기 쉽게 표로 만든 것이 표 24이다.

변화가 심해지고, 필링 중심이 되면 마구잡이인 채로도 때로는 히트를 치는 수가 있지만, 이것은 십중팔구 실행한다. 또 표준화한 채로는 맡은 업무에 불만이 많다. 개성화 되어야 비로소 필링시대, 패션시대에 적응할 수 있고, 우수한 효과를 발휘할 수 있는 것이다.

그렇다고 마구잡이인 채로 개성화 하면 이것은 선무당에게 칼을 잡힌 꼴이 되어 위태롭기 짝이 없다. 좀 심하게 말하면 광인화(狂人化)나 진배없다. 따라서 표준화를 거쳐서 개성화에 들어가는 것이 가장 올바른 성장 과정이다.

나는 본서에서 대체적으로 개성화의 단계를 결론적으로 제시하고 있다. 표준화 한 연후의 개성화라는 것을 염두에 두고 다시한번 전편을 읽어 주기 바란다(그림 9 참조).

〈표 24〉 인간 성장의 과정

1	2	3
마 구 잡 이	표 준 화	개 성 화
제 멋 대 로	단정·섬세하다 미적 센스, 깔끔하다 상식적이다	생활을 즐긴다 남을 도울 수 있다
제1차적 기본능력	제2차적 기본능력	제3차적 기본능력
강제당하고 주어진다	자발적으로	남에게도 신경을 쓴다
스 윙 지체자(遲締者)	전기 추수자 후기 추수자	이노베이터
괴 호 메 물 박 주	호 보 예 미 　　쁜 박 통 이 인	여 가 인 인
천 바 둔 치 보 재	범 인 영 준 인 재 재 재	수 천 재 재

표 24의 제1차, 제2차, 제3차적인 기본 능력에 관해서는 제4 장에서 설명하겠다. 스윙이라든가 이노베이터에 대해서는 이미 말했다. 몬스터(괴물), 호박 꽃(예쁘지 않은 얼굴)등은 여성의 용모 정도를 일반적인 말로 나타낸 것이고 천치·바보 등은 두뇌 의 회전 정도를 일반적인 말에 따라 순위를 매긴 것이다.

내가 여기서 말하고저 하는 바는 2의 단계, 곧 표준화의 단계 보다도 3의 개성화 단계가 더욱 효율이 올라간다는 사실이다.

조직체에서 3의 단계인 사람이나 그룹이 높은 비율을 차지하 는 조직체일수록 보다 높은 효율을 올린다.

"최고의 조직은 모든 일이 자주관리(自主管理)로 이루어지고

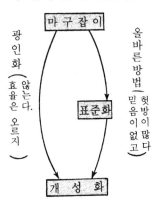

〈그림 9〉 올바른 성장과정

규칙이 없는 조직이다. 법이나 규칙이나 속박이 적은 사회일수록 이상적인 사회이다." 이 말은 일찍부터 지적되어 온 말이거니와 질서를 유지할 수만 있다면 방임관리(放任管理)에 가까워지면 가까워질수록 효율이 높아지는 것이다.

방임관리(放任管理)

스파르타식 관리라든가 매뉴얼(manual)관리는 그 자체는 결코 종국적인 수법이 아니라 방임관리로서의 과도적인 것이라고 인식해야 한다.

일은 도대체 누구를 위해서 하는 것인가? 지금까지는 역시 '조직을 위해서, 사람을 위해서'였고, '자기를 위해서'는 아니었다. 설령 자기를 위해서라 하더라도 그것은 자아(自我)나 자기실현을 억누른 것으로, 먹고 살기 위해 어쩔 수 없이 해 온 것이었다.

그러나 이제 사람들은 일을 자기를 위해 자기의 인간성에

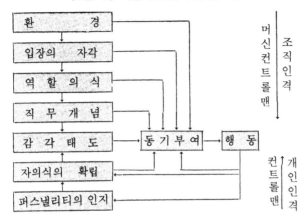

〈그림 10〉 머신 컨트롤과 맨 컨트롤

봉사하기 위해서 하게 되었다.

이제까지와는 달리 ① 먼저 자기를 위해 일하고 ② 자기와 동일 성원인 회사나 조직체를 위해 일하고 ③ 손님이나 대상은 제3위가 되려 하고 있다.

급속한 패션화는 이와 같은 풍요가 뒷받침된 사상적(思想的) 변혁에 의해 지탱되고 있다.

따라서 앞에서도 지적했듯이 이제는 머신 컨트롤(기계적 통제)로써는 사람을 부릴 수가 없다. 따라서 맨컨트롤(인간적 지도)로 빨리 전환해야 한다.

강압적으로 일을 시킬 것이 아니라, 스스로 알아서 일하게끔 그 동기를 부여해야만 한다.

거듭 말하거니와 사람은 사람 자체를 위해 일하는 것이다. 그래서 그림 10에서 보듯이 새로운 매니지먼트의 과제로서 사람의 마음이 매우 중요해졌다. 지금까지처럼 경제적 구조와 기술적 구조만으로는 사람을 쓸 수 없게 된 것이다. 심리학이나 행동과학이 폭넓게 응용되고 있는 까닭을 여기서 충분히 인식해야 한

〈그림 11〉 새로운 매니지먼트

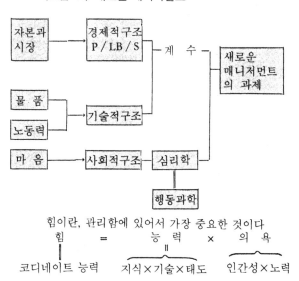

힘이란, 관리함에 있어서 가장 중요한 것이다

힘 = 능력 × 의욕

코디네이트 능력　　　지식×기술×태도　　인간성×노력

다. 인간과 인간의 관계는 능력에 의해 최종적으로는 결정된다. 능력을 갖추는 것이 인간에게는 하나의 목표가 됨을 부정할 사람은 없다. 그렇다면 능력을 붙이는 것을 하나의 목표로 삼아 심리학, 행동과학, 맨 컨트롤을 응용하는데 노력하지 않으면 앞으로는 발전을 기약하지 못할 것이다.

능력이란 효과적인 관리에 있어서도 가장 중요한 요소이다 (그림 11 참조).

26. 홀로 걷게 하라, 참여시켜라

방임관리(放任管理)의 계율(戒律)

인간 불신에서 인간 신뢰로

지금까지는 사람이 먹기 위해서 일했다. 그러나 현재는 먹기 위해서는 일하지 않더라도 괜찮을 정도가 되어 가고 있다.

지금까지 회사는 종업원을 부리고 있었다. 지금은 노동을 제공 받고 있다.

종전에는, 가급적 종업원이 태만하게 근무하지 못하도록 하기 위해 조직이 있었고 시스템이 있었으며 체크 포인트(요주의 점)가 있었다. 과거 인사정책은 완전히 성악설(性惡說)에 의거 했었고, 근무시간에는 종업원의 의사와는 관계없이 어떻게 해서 그를 회사를 위해 노동을 시키느냐에 그 핵심이 있었다.

그 기본은 성악설과 인간 기계화 방식이었다.

사람을 가능한 한 기계에 근접시키려는 테일러나 포드 이래의 콘베이어 시스템(유동작업 장치) 개념이 표면적으로는 반성되 면서도 줄기차게 활동되었던 것이 사실이었다.

그 최대의 이유는 대중이 가난하여 우선 살아가기 위해 여하튼 간에 직장을 찾아야 했고, 그 직장 유지를 지키기 위해 모든 자기 희생을 감수해야만 했기 때문이다.

그러나 급속한 경제성장에 따른 구인난, 소득향상, 여가시간의 증가 등 현상은 가난하고 약했던 대중을 넉넉하고 인간적인 존재

〈표 25〉 인간의 살고 있는 목적

제1단계	생존을 위해
제2단계	안정하기 위해
제3단계	사회인으로서 인정받기 위해
제4단계	자아의 충족을 위해
제5단계	자기표현을 위해

〈표 26〉 인간적이기 위한 조건

1	생리적 만족의 추구
2	동조적 만족(집단욕)의 추구
3	가치적인 만족의 추구

아래의 단계 쪽이 보다 인간적이다.

로 밀어올렸다. 그리하여 인간성의 중시가 지금은 경영에 있어서 가장 중요한 포인트가 되었다.

인간성, 그것은 다음과 같은 것이다.

(1) 어떤 사람이든 자기 자신이 가장 소중하다. 자기를 희생하면서까지 남을 돕겠다는 생각은 인간의 본성에 위배되는 것이다.

(2) Give and Take로 대인관계를 처리한다. '받았으므로 갚는다'는 것이 인간의 본성이다.

(3) 살고 있는 목적를 제시하면 표 25와 같다. 최종의 목적은 자아의 충족과 자기 실현이다.

(4) 인간은 끊임없이 보다 인간적으로, 즉 개성적이기를 지향하고 있다. 그러나 개성적이기에 앞서 동조성(同調性)의 욕구가 있다는 것을 알아야 한다(표 26 참조).

현재, 생리적 만족은 충족되었고 대중은 동조적 만족과 개성적 만족의 추구에 들어섰다. 패션 중의 매스 패션은 동조적 만족의 산물이고 하이 패션이 개성적 만족의 산물이라는 것을 이해한다면, 이 책을 지금까지 읽어 온 독자에게 새삼스레 장황한 설명은 필요 없을 것이다.

이러한 시대, 더욱이 앞으로는 보다 인간성이 중시될 것임을 부정할 수 없는 지금, 기업은 그 인사와 조직 전략을 인간신뢰에 바탕을 둔 관리방법으로 변경하지 않을 수 없는 것이다.

인간 불신에서 인간 신뢰로, 인간성 무시에서 인간성 중시로 180도의 전환을 하지 않을 수 없게 된 것이다. 참으로 다행스러운 일이다.

방임관리의 계율

그런데 인간신뢰에 의한 관리는 매우 어려운 문제를 제기한다. 왜냐면 그것은 Give and Take의 형태로 성립되는 것이기 때문이다. 더군다나 인간성에 관한 Give and Take인 것이다.

앞으로의 경영자는 사람을 믿고 신뢰받기에 충분하고 훌륭한 인간성을 지니지 않고서는 사람을 쓸 수 없게 될 것이다. 또 패션 인간을 활용하려면 스스로 패션 인간이 되어야만 할 것이다(일본인의 70 %인 1930년 이후 출생자의 대부분은 패션 인간이다).

앞으로는,
① 동시 처리를 할 수 있고,
② 사업과 취미가 일치하며,
③ 거시적, 미시적 안목으로 해석할 수 있고,
④ 행동하면서 사고할 수 있으며,

⑤ 원만한 인격이고, 정서 안정형이며,

⑥ 타인에 대한 배려를 할 줄 알고,

⑦ 지도력이 있는 사람

이런 사람이 아니면 경영자로서는 부적격하게 될 것이다.

사람의 본성은 착하다는 성선설을 스스로 실행했을 때, 비로소 인간 신뢰의 경영이나 관리가 궤도에 오르게 되리라 믿는다.

인간성에서의 Give and Take는 참여와 독립의 관계일 때, 가장 효과를 발휘한다. 각자가 조직 속에서 스스로가 독립성을 가지고 참여하는 것이다.

'사람이란 자기가 소속된 집단의 규범에 맞추어 태도를 정하고 행동한다. 그러나 그 원동력은 자유로운 자신의 존재의식이다.' 이것이 방임관리의 계율(戒律)이고 참여와 독립의 원리인 것이다.

27. 취미와 일을 일치시켜라

하고저 하는 의욕은 어디서 솟아나는가?

사람이 있고, 회사가 있는 시대

일본은 종신고용제를 채택하고 있다. 그 가부(可否)는 차치하고서라도, 그 때문에 '샐러리맨은 속 편한 직업이다'라는 생각이 버젓이 통하고 있고, '태만하지 않고, 쉬지 않으며, 능력이 없어도' 대과(大過) 없이 지내면 이럭저럭 살아갈 수 있게 되어 있다.

그러나 사정은 크게 변할 것 같다. 천하없는 대기업도 시대적 흐름을 잘 타지 못하면 언제 도산할는지 모른다. 회사가 있고 사람이 있는 것이 아니라, 사람이 있고 회사가 있는 시대로 세상은 바뀌고 있는 것이다.

사실 성장하고 있는 기업은 그 최대요인을 사원들의 하고저 하는 의욕이라고 보고 있다.

방임(放任)관리를 할 수 있는 회사, 그것은 사원마다 의욕에 불타고 일이 취미와 같아 신명이 나서 스스로 회사를 끌고 가는 상태의 회사일 것이다. 그리고 이것이 최선인 것이다.

나는 자주 미국에 간다. 미국인의 대부분은 매사에 '끊고 맺기'가 분명하며, 특히 일과 놀이는 확실히 구분한다. 그러나 미국에도 그렇찮은 일부의 사람들이 있다. 그들이 엘리트라고 부르는 사람들이다.

미국에는 소수의 엘리트와 다수의 대중이 있다.

엘리트는 밤낮을 가리지 않고 일한다. 그들에겐 일이 곧 취미요, 취미가 곧 일이다. 엘리트에겐 일과 놀이의 구별이 없다. 어느 편이냐 하면 '구별'이 없는 '동시처리형'의 인간이다. 이것이 미국 엘리트의 특징이다. 그들은 분명히 패션형이지만, 매스 패션형은 아니다. 그러나 유감스럽게도 미국의 엘리트는 소수이고, 대다수의 대중은 일과 놀이를 엄격하게 구별할 줄 아는 매스 패션형이다.

그런데 일본에는 엘리트가 넘친다. 원래 일본인은 일을 끊고 맺고 하여 '가름'하는데 민감하지 못했는데, 텔리비젼의 영향으로 이 경향은 더 심해진 느낌이다. 더군다나 머리 좋기로는 세계에서도 유수한 인종이다. 일을 좋아하고, 풍요로움과 더불어 일을 선택할 수 있게 되면 그 태반은 미국의 엘리트족과 같은 행동을 취할 것이다.

일과 놀이의, 일과 취미의 일치를 지향하여 많은 일본인은 지금 온 힘을 쏟으려 하고 있다.

그것은 개성화, 이른바 패션화 되어 나타날 것 같다. 매스패션이 아니라 패션인 것이다.

머리 좋은 일본인은, 지금 인생의 목적인 자아의 충족이라든가 자기실현이, 여가를 아무리 잘 이용하더라도(그 이용이 본능과 같은 기본적 욕망에 빠지는 것이라면 또 몰라도), 일 이외의 짓거리로는 불가능하다는 것을 알게 되었다. 일과 놀이, 일과 취미의 일치가 우수한 자기들의 두뇌와 체질에 가장 잘 합치됨을 깨닫기 시작한 것이다.

오브젝티브(객관적)와 서브젝티브(주관적)

환갑·진갑을 지나고도 직업을 통해 삶의 보람을 찾았을 때, 젊음을 유지할 수 있고, 그리고 아무리 생활이 안정되고 여가가 많더라도 충족되지 않는 정년 후의 허탈감 또, 여가를 통해 자기실현을 한다는 것도 프로(전문가=일)가 아니고서는 불가능하다는 것을 우리는 분명히 알게 되었다.

밀어닥치는 패션화의 물결, 소득 향상, 직업 선택의 자유, 모든 사람이 평등한 교육을 받을 수 있는 환경, 능력에 알맞게 살아갈 수 있는 사회적 수용 태세 등 여러가지 조건은 더 한층 급격하게 일과 취미를 일치시키려 하고 있다.

이제부터의 인사·조직 전략은 앞서 말한 바와 같은 시대적 요청을 충분히 받아들여 세워야 한다.

이상 말한 데 대해서는 최근에 미국에서도 논의가 활발하다.

지금 미국에서도 가장 권위가 있다고 알려져 있는 '조직행동

〈표 27〉 조직체에서의 오브젝티브와 서브젝티브

	오브젝티브(객체)	서브젝티브(주체)
목 표	양(量)	질(質)
구 조	집권(執權)	분권(分權)
간부의 자세	폐 쇄 적 경 직 성 권위주의적 지 적 절 대 적	개 방 적 유 연 성 참 가 인 간 상 대 적
인사관리 방침	획 일 적 동 일 화 동 질 화	개 성 적 변 화 이 질 적
인 간 관	물 질 적 직 책 외 부 지 향 원 인 외 면 적	인 간 적 사고·감정 내 부 지 향 이 유 내 면 적

론'의 권위자 앤터니 G. 에토스(Anthony G. Athos)씨는 최근 다음과 같이 발표하고 있다.

"현재 대부분의 대조직체는 그 사고방식이 극히 오브젝티브 (객관적)한 방향으로 쏠리고 있다. 그러나 젊은이를 비롯하여 바야흐로 모든 사회적 조건은 조직체를 서브젝티브(주관적)한 방향으로 기울게 하고 있다. 아마 앞으로는 서브젝티브한 면을 강조하지 않으면 조직체로서의 종합적인 능력을 발휘할 수 없을 것이다"라고.

그리고 그는 표 27을 제시하고 오브젝티브와 서브젝티브적인 경향을 설명하고 있는 것이다.

28. 감정과 본능 관리의 중요성

조직의 승부수는 육감 또는 시뮬레이션

조직은 일방적인 이론으론 규정할 수 없다

여러 회사를 드나들다 보니 조직에 대해서 진지하게 생각해 보는 때가 많아졌다.

생산 → 판매 → 조직(인사)과 같이, 회사의 니즈(needs : 필요성)가 최근 5~6년 사이에 크게 변했다는 것도 느끼게 된다.

조직이란 무엇일까?

'둘 이상의 사람이 존재할 때, 으례 한쪽은 능동적인 입장에, 또 한쪽은 수동적인 입장에 서게 된다. 그래서 한 목적을 이루기 위해 가장 효율적으로 사람과 작업(생각하는 것도 포함된다)의 내용을 조화시키는 것이 곧 조직이 지향할 바다'.

이것이 조직의 정의인데, 상당히 어렵고 까다로운 것이기도 하다. 거기에는 가장 복잡한 '사람'이 관계되기 때문이다.

'사람'에게는 이성(理性)만으로는 가늠할 수 없는 감정이 있다. 또 자기 자신의 의사만으로 컨트롤 하기가 아주 어려운 본능이 있다. 더욱이 '감정'이나 '본능'이 주체적(主體的)인 시대가 되었다.

이쯤 되면 조직론은 이미 이론이 아니고 학문적으로도 간단히 규정할 수 있는 것이 아니다.

구성원(構成員)이 일을 하거나 혹은 목적의 달성에 있어서는 가장 최선이라고 자기가 긍정할 것을 어떻게 조화 편성하느냐 하는 기술적인 문제가 되는 것이다.

편성하는 기술에서 가장 효과적인 것은 '능력이 있는 사람'이 신뢰를 베푸는 일이다. 조화 편성 감정은 신뢰 속에서 가장 유순해진다. 그리고 놀라운 성과를 올린다.

이것이 조화 편성 기술의 첫째 착안점이다.

두번째 착안점은 자연발생적인 인자(因子)를 중요시하는 비공식적 조직인데, 구성원이 피압박감을 느끼지 않도록 비공식 조직이 운영되어야 한다.

조화 편성을 위한 기술의 셋째 인자는 '밸런스'의 문제이다. 사람만큼 밸런스를 중요시하는 존재는 없다. 밸런스(균형)는 기본적으로 비교에 의해 성립한다. 여기에서는 경쟁의 원리가 성립되는 것이다.

넷째 인자는, 셋째까지의 인자가 일반성인 것과는 달리 특이성이다. 특이성은 흥미와 연관되기 때문에 이것 또한 중요한 조직상의 요인인 것이다.

패션과 흡사한 조직의 승부수

이런 시각에서 볼 때, 조직은 컴퓨터로 구성되는 것과는 다르다는 것을 알 수 있다. 공식조직론(公式組織論)이 인간성의 자각이나 풍요로움의 도래와 함께 그 약점을 드러내게 된 것은 당연한 귀결인 것이다. 그리고 그 약점을 해소하는 방법은 조직원이 사람인 한, 앞으로 그리 쉽게는 나타나지 않을 것이다.

그런데 패션이라는 말을 이 조직과 대비시켜 보면 흥미롭게도 이들은 매우 닮았다는 것을 느끼게 된다. 그리고 패션이 그렇듯이, 조직의 승부수도 '육감'이나 '시뮬레이션' 밖에 없고, 이것도 인간성에서 초래된 것임을 알게 된다.

섬유 관계의 각 기업은 조직과 패션의 유사성(類似性)을 쉽사리 파악할 수 있는 입장에 있다. 그런 의미에서 새로운 조직 만들기의 선두주자가 되면 다른 산업에서도 지도적 입장에 설 수 있게 된다.

패션 창조에 못지 않게 '조직'의 문제 해결에 노력하기를 바란다.

29. 때로는 합리화야말로 비능률임을 알라

인간화 · 개성화의 시대

합리화는 도피의 한 가지 방법

합리화라는 말의 뜻은 어렵다. 예를 들면, 심리학적 의미로는 '이치(理致)에 맞는다'는 뜻인데, 이것은 '도피(逃避)'의 한 수법으로 간주되고 있다.

여기서는 경영학상 일반적으로 일컬어지고 있는 '단순화 · 기계화 · 분업화 · 표준화 · 전문화' 등의 뜻으로 합리화를 사용하겠다.

기계에 모든 것을 맡기고, 부가가치라든가 이익을 도외시 한다면, 합리화는 아주 능률적이다. 최소 경비로써 최대 효율을 틀림

〈표 28〉 일본인의 3가지 타입

	1965년	1970년	1975년
1. 엘리트	3%	8%	50%
자기가 일이나 규칙을 만들고,			≀
남에게 명령할 수 있는			60%
입장에 있는 사람			
2. 대중	90%	83%	30%
엘리트 밑에서 엘리트의			≀
명령이나 규칙에 따라			35%
일하는 사람			
3. 인간 쓰레기	7%	9%	5%
엘리트나 대중이 만든 것을			≀
망가뜨리기만 하는 사람			20%

✳ 이것은 성인 남자에 대한 조사 및 예측이다.

없이 올릴 수 있다.

그런데 인간을 매개체(媒介體)로 하는 이상 문제가 생긴다. 사실 테일러, 포드 이래 최선의 방법으로 알려져 온 '벨트 컨베이어 시스템'을 비롯한 합리화의 방법이 최근에 와서는 그다지 능률적인 것이 못되고 있다.

작업에서 삶의 보람을 느끼고 일을 통해 변화와 향상을 바라는 것이 사람의 모습일진대, 그런 의미에서는 기계화, 톱니바퀴화로부터의 탈출이 요즈음 사람들의 최대의 소망이라 할 수 있다.

단순 작업, 기계적인 일에서는 어차피 사람이 기계를 대적할 수 없다. 사람이 '사람'임은 변화에 대한 적응과 창조와 향상을 할 수 있다는 점이다.

기계처럼 주어진 일밖에 할 수 없는 것이 아니라 인간은 생각함으로써 비록 느리더라도 여러 가지 일을 할 수 있는 것이다. 1965년이란 시점에서, 일본에는 일이 적었으므로 먹고 살기 위해서는 선택적으로 일할 수 없었고 또 분업화 된 단순작업이라도 참아야만 했다. 급료를 받기 위해, 아무리 인간성을 무시당하더라도 주어진 일을 군소리없이 해야만 했다.

그러나 지금은 일이 많다. 조금만 능력이 있는 사람이면 무엇을 하든지 먹고 사는 데는 지장이 없다.

표 28은 일본인을 세가지 타입으로 나누었을 때의 변화를 예측한 것인데, 일본인은, 특히 젊은 사람일수록, 소득이 증가하고 여러 가지 직업을 통해 생활할 수 있는 시대가 오면 엘리트화되는 것이다. 일본인 전원의 엘리트 시대도 닥쳐오리라고 생각할 수 있다.

지금의 젊은이들을 살펴 보자.

응석둥이족(族)의 등장

응석둥이로 자랐기 때문에 퇴행현상[남을 조르거나 떼를 씀으로써 만사가 제 마음대로 된다고 생각하는 아기나 어린이에게서 볼 수 있는 욕구충족(欲求充足) 현상]을 나타내고 매사를 자기 본위로 생각한다. 또 제멋대로 자란 데다 텔레비전을 주체로 하는 매스컴의 영향으로 폭넓은 지식을 갖추고 있어서 완전히 자기 본위적인 사고방식이고, 독립심이 강하다. 그리고 삶의 보람은 미래의 희망보다도 현재의 만족=신나게 사는 것이다.

가치관은 천차만별이고, 어른들처럼 금전욕·소유욕·명예욕을 채우는 것만으로는 만족하지 않는다. 금지옥엽족(金枝玉葉族)이고 이기족(利己族)인 동시에 독립파이고 기분파이다.

이런 젊은이들이 일본인의 반수 이상을 차지하게 되었다. 새로

〈그림 12〉일과 능률

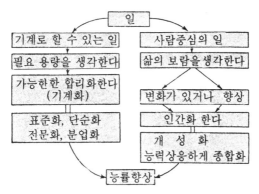

운 노동인구의 대부분은 이런 젊은이들이다.

사람을 쓰면서 단순화·표준화·전문화·분업화 등을 하면 그들은 내뺴거나 태업(怠業)한다.

기업 내에서는 기계로 하는 일과 사람이 하는 일을 분리해서 기계로 하는 작업은 철저한 합리화를 꾀해야 한다[단, 필요 적정량에 비해 너무 지나치게 합리화 하면 오히려 손해가 된다]. 한편 사람이 중심이 되는 작업에서의 합리화는 참가하는 사람들에게 삶의 보람을 어떻게 해서 더 많이 안겨 주느냐 하는 것이라야 한다. 그것은 인간화(人間化)이고, 개성화이고 본인의 능력이 상응하는 종합화이다.

그림 12를 잘 인식해 주시기 바란다.

현재에 와서 이전에 유행한 MTP방식[매니지먼트 트레이닝 프로그램, 제4장, 41 참조]으로 사람 쓰는 것을 합리화라고 생각한다면, 합리화야말로 비능률의 부산물이 될 것이다.

작업 분담, 모션 스터디(동작 연구), 타임 스터디(시간 연구) 등이 용인술(用人術)이나 능률향상 전략의 중심과제였던 시대는 풍요로움의 도래와 함께 사라진 것이다.

30. 탈능력(脫能力), 탈정예(脫精銳) 주의를 취하라

인품, 인간성 그리고 힘의 윤리시대

인간성의 기본

인간이란 재미있고 회한하고 멋들어진 동물이다. 사귀면 사귈수록 맛이 난다. 인간관리의 방법은 철저히 사람과 사귀는 것이다. 그리하여 인간미(人間味)를 철저히 발휘하게 하는 것이다.

여기서는 먼저 인간의 정겨운 맛을 분출하기 위한 인간성의 기본에 대해 잠시 살펴 본다.

인간은 '자기보다 능력이 없는 사람 밑에서는 일하기를 기피'하는 본성을 지니고 있다. '자기 상사(上司)가 자기보다 능력이 없을 때, 그는 거기에서 달아나거나 상사의 발목을 잡으려 든다'는 것이 인간인 것이다.

실력이란, '능력×의욕'이고, 능력이란, '지식×기술×태도'이다.

그래서 한 회사나 한 기업을 두고 말할 때, 거기의 톱(Top)이상의 인재는 그 시점에서 존재하지 않는다고도 할 수 있다. 기업은 톱의 힘, 즉 사장의 실력(능력×의욕) 이상으로는 성장하지 않는다는 이유를 이것으로 알 수 있을 것이다(*).

(*) 조직이란, 평범한 사람에게 비범한 힘을 내게 하는 것. 그러나 힘이
1인 사람이 100명 모였더라도 전체 조직의 힘은 1의 힘과 별반 달라지

지 않는다. 힘이 1인 사람과 10인 사람을 잘 조직화 했을 때 그 조직은 10의 힘을 상당하는 힘이 발휘한다.

다음으로, 생리적·심리적으로 인간성의 중요한 본바탕을 생각나는대로 들어보자.

① 누구보다도 자기 자신이 가장 소중하다고 생각하고 있다. 손님이나 종업원의 관리에 있어서도 이 원리를 절대로 잊지 말도록. 그 사람에게는 그 사람 자신이 가장 소중한 것이다.

② 반사(反射)의 원리가 작용한다. 누가 자기를 칭찬해 주면 자기도 그 사람을 칭찬해 주고 싶고, 무엇을 받으면 자기도 주고 싶다. 불쾌한 말을 들으면 자기도 나쁘게 말하고 싶다. 이 원리를 활용하여 물건을 파는 것이다. 손님의 욕구를 채워 주고 그 답례 행위로서 이쪽이 팔고 싶은 물건을 손님이 사도록 하는 것이다.

③ 인간은 언제나 상반하는 두 욕구를 지니고 있다. 예를 들면 보수성과 혁신성, 사교성과 비사교성 등. 따라서 상대편을 기쁘게 해 줌으로써 자기에게 유리한 욕구나 성격을 상대로부터 끌어낼 수가 있다. 그러나 잘못 하면 될 일마저 그르치고 만다.

④ 암시(暗示)에 걸리기 쉽다. 믿으면 딴사람 같은 힘을 발휘한다. 마찬가지로 그 반대의 경우도 생긴다. 기를 죽이거나 찬밥을 먹이지 말라는 인사관리의 원칙은 이 원리의 응용인 것이다.

⑤ 자기방위 본능이 강하다. 따라서 의식적으로 진실을 말하거나 행동할 수 있는 사람은 거의 없다. 반대하지 않으니까, 반대적인 행동을 하지 않으니까 자기에게 찬성하고 있다고 생각해서는 안된다.

〈표 29〉 힘의 윤리

① 그룹 중에서는 힘이 있는 자가 없는 자를 리드한다.

② 힘＝ 능력 × 의욕

$$\underbrace{\text{기술} \times \text{지식} \times \text{태도}}_{} \qquad \underbrace{\text{인간성} \times \text{노력심}}_{}$$

⑥ 존경하지 않는 사람 밑에서 일하는 것을 언짢게 여긴다.

⑦ 억압된 심리적 부담은 언젠가는 어떠한 형태로든 억압된 이상의 압력이 되어 분출한다.

인간성을 활용하기 위한 '힘의 윤리'

나는 이것을 정리하여, 관리상 능숙하게 인간성을 활용하기 위해 '힘의 윤리'를 만들었다.

이것이 표 29이다.

① 이 힘의 윤리와 ② 다들 제 잘난 맛에 살고, ③ 기브 앤드 테이크로 움직이는 것이 인간의 본질이라는 것을 알고 있으면 관리하기가 매우 수월해진다.

이 중에서 제일 중요한 것은, 대개의 경우 상사보다 능력이 있는 부하는 우선 없다고 생각하므로 어떻게 부하에게 힘을 주느냐 하는 것이 기본이다. 그러기 위해서는 리더십의 3원칙에 있듯이, 상사는 지도자가 되어야지 절대로 지배자가 되어서는 안된다. 되도록이면 방임관리에 가까운 상태에서 어드바이즈(충고)해 주는 것이 최선이라 하겠다.

또한, 우수하고 선량한 부하를 모으고 싶으면, 자기보다 능력

이 있는 부하는 오지 않는다는 원칙에 따라, 관리자는 부하보다
도 강한 힘을 스스로 붙이기에 힘써야 한다. 서로의 성질이 어울
릴 수 있고, 행운에 강한 인간을 거느리고 싶어도 뜻대로 잘 되지
않아 자신의 힘의 한계를 느끼지 않을 수 없는 것이 가장 효율
을 낳는 방임 관리시대의 관리자상(管理者像)이기도 하다.

그리고 여기서 꼭 짚고 넘어 갈 일이 있다.

능력의 웨이트(비중)에도 시류와 더불어 미묘한 변화가 생긴
것이다. 이전의 물품 중심시대에는 능력×의욕 중의 능력 쪽에
비중이 많았었다. 그런데 물품이 중심 자리에서 밀려나고 있는
현재는 능력보다도 의욕 쪽에 그 비중이 쏠리게 되었다. 또 능력
중에서도 기술이나 지식보다 태도에 비중이 쏠리기 시작했다.

이 현상은, 이전에는 근무만 잘 하면 다소 태도가 나쁘거나
인간성에 문제가 있더라도 관리자 노릇을 할 수 있었으나, 지금
은 관리자의 인간성이나 태도에서 존경할 가치가 없는 것으로
판정나면 부하가 따르지 않게 되었다는 것을 뜻하고 있다.

이 점, 관리에서의 능력의 의미에 대해 잘 이해하기 바란다.

31. 게으름뱅이를 써라

군대조직에서 배운다

히틀러의 군대조직

조직 중에서 변화에 가장 잘 적응해야 할 조직은 군대조직이

〈표 30〉 히틀러의 군대조직

		움직이지 않고 생각 하는 타입(사고형)	부지런히 잘 움직이는 타입(행동형)
머리의 정도	좋은 사람	장군(장관) 사 장	참모형(영관) 스태프
	보통 사람	부대장(위관) 관리자	분대장(하사관) 감독자
	나쁜 사람	전투부대원(병사) 일반 종업원	불채용(不採用)

다. 세상이 지금과 같이 빨리 변할 때, 군대 조직을 연구해 보면 매우 재미있다. 또 적절하게 활용할 수도 있다.

군대 조직에 관해서 수년전에 일본 매니지먼트 협회의 미즈시마 노부오 전무이사로부터 재미있는 이야기를 들었다. '히틀러는 조직학적으로 재밌는 걸 군대조직에 이용했어요.게으름뱅이를 부지런히 움직이는 자보다 더 중용했거든요. 이걸 표로 만들면 표 30처럼 되는데, 이건 연구해 볼 가치가 충분히 있어요' 하는 것이었다.

그 이야기를 듣고부터 나는 해외로 나갈 때마다 각 국의 군대 조직에 관한 자료를 수집해 왔다. 그리고 그것을 종합, 분석해 보았다.

미국·소련 등, 세계의 일류국 군대 조직 내에서의 인물 배치, 머리의 정도(수준)와 행동·사고형(思考型)을 분석해 볼 때, 앞서 말한 미즈시마씨의 말이 적중했다.

내 나름으로 한가지 결론을 얻었다. 머리가 좋은 사람으로 말하면, 장군은 역시 사고형 쪽이 적합한 것 같다. 행동형인 사람은 영관(領官)까지, 이른바 참모가 제일 적합하다.

머리가 보통이면 일반적으로 장교는 역시 사고형, 하사관은 행동형이 적합하다. 그리고 병사 수준에서는 부지런히 움직이는 행동형은 별로 채용하지 않고 있다.

그 이유를 여러가지로 조사했다.

다음과 같은 점을 알 수 있었다.

① 변화가 심할 때일수록 냉정한 거시적(巨視的)·객관적 판단이 필요하다. 총체적인 지휘관으로서는 사고형 쪽이 거시적 판단을 더 잘한다.

행동형인 사람은 전문적 지식을 중심으로 깊숙히 파고드는 타입이 되기 쉬워 아무래도 미시적(微視的)이 되게 마련이고, 자기의 지식 중심으로 나아가려 한다. 특히 머리가 나쁜 군대에서 행동형이면 제 편을 향해 총을 잘못 쏠지도 모른다.

머리가 나쁘면, 섣불리 움직이려고 용 쓰는 것보다는 명령에 의해서만 움직이는 게으름뱅이 쪽이 더욱 바람직하다.

② 인간은 허둥대면 허둥댈수록 본성이 드러난다. 본성이란 과거의 성공적인 경험, 자기의 지식 등을 바탕으로 행동면에 표출되는데, 변화가 격심할 때는 2단계 쯤 위에서 정세를 보지 않으면 실패한다. 행동형은 최초의 시점에서부터 적극적이고, 나중에 좀체 변화에 적응하는 수정을 하지 않으므로 전문 지식을 살릴 수 있는 분야가 아니면 배치할 수가 없다.

기업에서의 적성(適性)과 직무

이것을 기업에 적용하면 표 31과 같아진다.

〈표 31〉 적성(適性)과 직무

		사 고 형 마크로형	행동형 미크로형
머리의 정도	좋은 사람	사 장	스태프 전문가
	보통 사람	관리자	장인(기술자)
	나쁜 사람	일반 종업원	불채용

〈그림 13〉 **성장회사의 주력 상품의 변화**

＊ 3년이 지나면 주력상품이 대부분 바뀌는 것이 현재
이다. 전문가나 장인이 너무 많거나, 사람을 잘못
쓰면 이런 변화를 할 수 없게 된다.

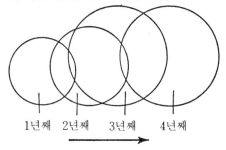

1년째   2년째   3년째   4년째

변화가 심해지면 심해질수록 전문가나 기술자를 기업 입장에
서 보면, 필요는 하지만 매우 위험한 존재일 수 있다.

그 이유는 ① 전문가나 기술자는 자기중심형이고 자기의 체질
에 시류를 맞추려고 하는 편이므로 시류에 맞추어 회사를 적응시
키기 어려워진다. ② 아무래도 자기중심형이고 생산자 지향적
감각이 강해 미시적(微視的)인 인간이 되기 쉬우며, 자기에게
유리하게 매사를 해석하므로 기업 체질을 점차 나쁜 쪽으로 끌고

갈 우려가 있다.

이른바 부지런한 사람은 기업을 시류에 적응시키는데 장애가
될 뿐더러, 자칫하면 기업을 시류 부적응의 방향으로 몰고 가게
하는 것이다.

따라서 소위 전문가라든가 기술자를 쓸 때는 다시 한번 충분히
이해관계를 따져 볼 필요가 있다.

더 명확하게 말하면, 한가지 일밖에 모르고, 호기심[흥미]이
없는 인간은 매우 위험한 것이다(그림 13 참조).

32. 서로 잘 통하는 사람끼리 일하게 하라

사귀는 법을 보면 마음을 알 수 있다

상성(相性)의 논리

마음이 맞는 사람, 사이가 좋은 사람들이 한 편이 되어 일할
때, 그 일은 틀림없이 흥미와 일치한다. 또 거기서는 서로 독립과
참여가 잘 조화를 이루므로 놀라운 효능을 발휘한다.

그런 의미에서 서로 성질이 잘 맞는 상성(相性)인 사람들이
한 그룹을 만드는 것을 나는 이상적인 조직의 형태라고 생각한
다.

그럼 상성(相性)이란 도대체 무엇일까. 오행설(五行說)에서는
어렵게 풀이하고 있으나, 알기 쉽게 말하면 '어딘지 모르게 통하
는 데가 있다. 같이 있으면 마음이 편하다. 안심할 수 있다. 옆에

〈표 32〉 대인관계 사고(思考) 도표

Ⓐ	사람을 믿는다 100%	50%	사람을 의심한다 0%
Ⓑ	적도 사랑한다 100%	50%	적을 친다 0%
Ⓒ	상대방 입장에 설 수 있다 100%	50%	상대방 입장에 설 수 없다 0%

이 3과제에 대해 자기 입장에서 해당하는 곳(%)에 ○를 하고 선으로 잇는다. 같은 패턴을 나타내는 사람끼리는 상성(相性)이 좋다.

없는 것보다 있는 쪽이 즐겁다'고 느끼는 것이 상성의 현상이라 할 수 있다.

일반적으로 상성은 그 사람의 인생관·사회관에 따라 정해지는 것 같다. 특히 그 중에서도 '남을 대할 때의 마음가짐'에 커다란 핵심이 있는 것 같다. 이것을 '대인관계 사고(對人關係思考)'라고 하는데, 대인관계 사고는 표 32와 같이 크게 나누어 양극(兩極)에서 따져 들어가면 알기 쉽다.

그림 14는 내가 작성한 '대인관계 사고 도표'인데, 이와 같은 도표를 자기 스스로가 써보면 상대방과 마음이 맞는 상성(相性)의 정도를 잘알 수 있다.

〈그림 14〉 후나이의 대인관계 도표

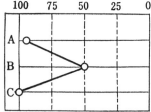

그러나 '근주자필적(近朱者必赤)'이니, '동병상련(同病相憐)'
이니, 혹은 '유유상종(類類相從)'과 같이 자연히 상성적(相性
的)인 사람끼리 어울리기 마련이다.

따라서 경영이나 관리에서 상성적 논리를 적용하고 싶으면,
한 가지 프로젝트를 담당한 책임자가 먼저 자기와 상성인 사람을
모으는 것부터 시작하면 된다.

인사부나 교육부에서 배치되어 오는 사람을 기다리는 것보다
도 자기가 채용하고 자기가 교육시켜 나가는 것이 현명하다.
어떤 기업이든 창업 당초에는 신장하게 마련인데, 그 이유는
사장이 상성적인 사람만 모아서 직접 교육시키므로 전원이 안심
할 수 있는 인간관계 속에서 전력 투구를 하기 때문이다.

그러나 상성의 경영과 상성의 관리는 가끔 엄청난 실패를 저지
르기도 한다. 그것은 같은 유형인 사람이 너무 많아 미시적·주
관적인 판단에 빠지는 경우이다. 그래서 '재수있는 행운의 경
영'이 필요하게 되는 것이다.

33. 재수 좋은 인간을 써라

원만한 대인관계가 행운의 원천이다

재수는 스스로 만드는 것

저 사람은 재수가 있다느니, 저 녀석은 재수에 옴이 붙었다느
니 하고 사람들은 재수라는 말을 흔히 쓴다. 나는 이 '재수'라는

말에 흥미를 가지고 수년 전부터 '재수'를 중심으로 사람을 살펴 보았다.

재수가 있는 사람과 재수가 없는 사람의 차이는 무엇일까 하고 여러 문헌을 뒤져서 친근한 사람들의 연보(年譜)를 만들어 보았 다. 그 결과 '재수'라는 것은 그 사람 스스로가 만들어낸 것이지, 결코 운명도 아니고 타동적인 것도 아니라는 것을 알게 되었다.

인간은 주관적 동물이다. 그래서 자기를 과대평가하고 타인을 과소평가하는 경향이 흔하다. 따라서 제3자에 대한 얘기는 서로 즐겁게 할 수 있지만, 마주 대하는 두 사람 사이에서는 마음에 없는 말을 주고 받거나 아니면 입에 못 담을 말이 오가는 것이 상식이다. 기분도 별로 좋지 않다. 평가가 다르기 때문이다.

인간은 기분이 좋고 쾌감을 느끼기를 바란다. 그래서 기분이 좋아지는 사람과는 사귀고 싶은 것이 당연한 일이다.

객관적인 인간이 더 재수가 좋다

인간의 성공이나 재수의 유무는 대인관계에 따라 정해진다 [많은 사람이 좋아해 주고 힘이 되어 줌으로써 정해진다]는 것이 하나의 부인할 수 없는 사실이라면, 자기 자신을 남이 긍정적으 로 평가할 수 있는 눈으로 바라볼 수 있을 때, 재수가 있게 된 다.

쉽게 말하면, 절대적으로 주관적인 사람보다도 객관적인 사람 쪽이 재수가 좋다. 또 같은 사람이라도 주관적일 때보다는 객관 적일 때가 훨씬 재수가 좋다. 그리고 이 재수에는 사이클(주기) 이 있다는 것도 알게 되었다.

이렇게 볼 때, 재수가 좋은 사람에게는 그럴 만한 좋은 점이 있고, 재수가 없는 사람에게는 그럴 만한 까닭이 있는 것이다.

재수가 없는 사람은 아마 주관적이고 이른바 '밥맛이 없는 사람', '아니꼽고 역겨운 사람'일 것이다.

그러므로 상성(相性)이 좋은 사람끼리의 그룹 속에 재수좋은 사람이 항상 섞여 있는 경영을 앞으로는 생각하지 않을 수 없다. 그것은 이런 이유 때문인 것이다.

34. 원형 조직(円形組織)을 짜라

전원 일치주의의 방법

'산헤드린'의 규정

민주주의의 원칙은 다수결이라고 한다. 다수결에는 반드시 소수파가 있는 법이다. 나도 2차 대전 후에 민주주의에 대해 배울 때, '비록 납득할 수 없더라도 다수결로 정해진 이상, 그것에 따르는 것이 민주주의의 원리다'라고 여러 번 설명을 들었다. 유태의 산헤드린의 규정 중에는 '전원일치의 심판 결정은 무효'라는 것이 있다. 서로 다른 개성과 주장을 가진 인간 사이에서 전원일치란 있을 수 없다는 생각에서이다. 만약에 전원일치가 이루어진다면, 전원이 어떤 편견에 사로잡혀 있거나 집단적 흥분 상태에 있기 때문이며 따라서 그 결의는 냉정을 잃고 있어서 올바른 판단이 아니라고 생각하는 것이다.

그러나 나라의 사정이 다른 일본에서는 절대로 전원일치라야만 한다고 나는 생각하고 있다. 내 생각에는 일본인은 세계에서 가장 끊고 맺고를 잘못하는 인간이다. 법이나 계약같은 것을 가장 잘 무시하는 국민이다. 자기 나름대로의 상식으로써 간단히 나쁜 것으로 해석하고 처리해 버린다.

'식량 관리법'이 있는 데도 뒷거래로 쌀을 안 사 먹은 사람은 아마 없을 것이고, '헌법 제9조'가 엄연히 살아 있는데도 군대가 생겼다. 경관이 없는 곳에서 100％ '도로교통법'을 지키는 운전기사는 별로 없을 것이다.

엄연히 살아 있는 법률이라도 악법은 법이 아닌 것으로, 또 유효한 계약도 시류에 맞지 않으면 예사로 무시해 버린다.

비록 악법일지라도 법은 법이고, 계약을 절대적인 것으로 아는 구미와는 아주 딴판이다.

이유는 여러 가지 있는데, 이에 관해서는 이사야 벤다산이 《일본인과 유태인》에서 지적한 바 있고, 이어서 교토(京都)대학의 아이다 유지(會田雄二) 교수가 《일본인의 의식구조》에서, 그리고 고오베(神戶)대학의 우라베 도미(占部都美)선생이 《붕괴하는 일본 경영》에서 각각 상술하고 있다.

체념이냐, 전원 일치냐

급속도로 세계는 하나로 되고, 국제화 시대로 접어들고 있다. 일본인의 이러한 특성은 좋거나 나쁘거나간에 생활환경과 사회환경의 변화에 따라 시정되겠지만 일본에서의 관리수법은 가장 일본적인 것에서부터 출발해야만 한다.

지금의 일본인은 패전 직후의 거세당한 듯한 일본인이 아니다. 자인[Sein(실재) : 이러이러 하다]에서 출발해야지, 졸렌 [Sollen(당위) : 이러이러 해야 마땅하다]을 억지로 밀어부치는 생각은 절대로 무리이다.

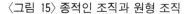

〈그림 15〉 종적인 조직과 원형 조직

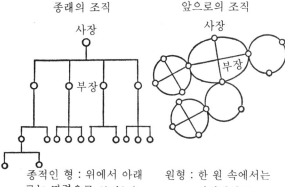

종래의 조직　　　　　　앞으로의 조직

사장　　　　　　　　사장

부장　　　　　　부장

종적인 형 : 위에서 아래　　　원형 : 한 원 속에서는
로는 명령으로, 부하는　　　　전원일치로
거부권 없음

　현실적으로, 여러 회사의 조직운영 방법을 볼 때, 체념이거나 전원일치 중에서 어느 한쪽이 아니면 잘 운영되지 않는다.

　상사의 힘이 엄청나게 클 때, 부하는 설령 자기 뜻에 맞지 않는 명령이라도 체념하고 납득한다.

　그런 경우를 제외하고는, 전원일치가 아니면 결코 효율적인 조직운영을 기대할 수 없다.

　지금까지는 납득할 수 없는 일도 어쩔 수 없이 했다. 그러나 지금은 이해할 수 없는 일은 분명히 거절하는 것이 일반적인 풍조로 되어 가고 있다.

　그래서 나는 이전의 종적(縱的)인 조직보다는 원형(円型) 조직을 제창하고 있다. 이것은 다음과 같은 조직이다.

　먼저 그림 15를 보기 바란다.

　종전의 종적조직에서는, 부하에겐 거부권이 없었다. 그러나 원형 조직에서는 어떤 일을 사장이 일방적으로 정하질 않고 사장 명령에 직접 관계하는 사람들 예컨대 부장까지가 전원 한데 모여 사장의 설명을 듣고 각자가 의견을 말하고, 설득하고 설득당하고 전원이 납득하는 과정을 거쳐 의견이 일치된 연후에 비로소 그 사장 명령이 생명을 갖도록 하는 것이다. 부장은 이어서 그 명령에 따라, 계획을 추진하려면 직접 그 일에 참가할 과장을 전부 모아, 또 마찬가지로 전원일치, 납득할 때까지 논의한 다음 명령을 실행에 옮기는 것이다.

이것이야말로 참여의식의 양성이며 자기 책임제의 확립이다. 이렇게 하면 '꼭 해내자!'라는 의욕이 솟아나게 된다.

그리고 이것이 방임관리에 이어지고 고(高) 능률과 연결되는 것이다.

35. 비공식 조직을 승화시켜라

신명나는 시스템과 Y이론

불필요와 불균일의 효용

기업 중에서 가장 시류 적응이 요구되는 것은 소매업이다. 이제부터 소매업을 예로 들어, 신명나는 시스템 만들기에 대해 알아본다.

기업은 시류에 적응하지 못하는 경우라도 1등이 되면 살아남을 수 있다. 단, 종업원에 대해서만은 시류적응으로 대처하지않으면 안된다.

1965년에서 1975년까지의 10년 사이에 경영을 둘러싼 환경은 180도로 대전환했다. 65년의 시점에서 최선이라고 여겨졌던 수법이나 사고방식이 75년에 와서는 최악의 것으로 되어 버렸다.

특히 크게 바뀐 것은 일하는 방법이다. 능률을 올리기 위해서는 분업화 · 표준화 · 전문화 · 단순화가 좋다고 생각되고 있었으나 소득 상승에 수반한 인간성의 자각은 사람을 기계화 하는 이러한 작업 부여 방법에 정면으로 저항하기 시작했다.

여러 가지 심리학적 실험은 본인의 능력에 알맞게 종합화 · 복잡화 · 개성화 된 작업 부여 방법이 능률적인 것을 증명하고 있으며, 단순화나 표준화는 정착률을 저하시킬 뿐인 것이 되고 말았다.

인간은 어디까지나 인간이지 기계가 아닌 것이다. 작업과 물품 중심의 조직이나 관리 시스템은 아무리 훌륭하게 보여도 틀림없이 효과를 올린다고는 보장할 수 없게 되었다.

그 다음으로 변화된 사고방식은 변화가 심해짐에 따라 변화에 적응하기 위해서는 헛점이 필요해진 사실이다. 헛점이 없는 합리화의 표본같은 기업은 시류를 타지 못하고 점점 뒤로 처지게 된다. 그리고 불균형도 필요해졌다. 불균형이 변화에 적응하는 에너지의 원천일 뿐만 아니라, 인간이 너무나 빈틈 없는 환경에는 견딜 수 없게 된 것이다.

사람이란 이처럼 사치스럽고 까다로운 동물이다. 기계처럼 다룰 수만은 없게 된 것이다.

신명나는 조직 만들기

지금은 종업원이 의욕에 넘치고 신명이 나서 일해 주지 않으면 기업은 이익을 올릴 수가 없다. 메이커 같으면 몰라도, 인적 요소가 특히 많은 소매업에서는 절대적으로 종업원이 신명나게 일해 줄 필요가 있다.

그러면 소매업에서의 신나는 조직은 어떻게 만들면 될까? 이에 대해서는 이미 몇군데서 성공한 실례를 들었으므로, 간단히 요점만 적어보자.

① 판매원의 의견이 반영되는 구매 시스템을 궤도에 올리는 것이다. 가장 이상적인 것은 판매원 전원이 구매담당자라는 생각으로, 되도록 이에 가까운 구매 시스템을 짠다.

나는 어느 대형의 의류품 중심 소매점에서 1,300명의 판매원 중 1,100명을 구매와 관계를 갖도록 하므로서 경이적인 성적을 올리고 있는 것을 알고 있다.

이와 같은 시스템화가 과거의 인간불신 감각으로 보면 매우 어렵다. 그러나 성공하는 데는 그다지 큰 어려움이 없다. 종업원을 신뢰하고 일에서 삶의 보람을 느낄수 있도록 배려해 주는 것이 그 핵심이다.

② 센트럴 바이잉 시스템은 판매원의 인간성을 소외시킨다. 또 아이템 수도 증가되지 않고, 지역밀착성도 엷어진다.

대형점에서는 역시 상품부가 필요하다고 생각되지만, 그 경우에도 상품부를 라인으로서가 아니라 구매권(購買權)을 가진 판매원을 대행하는 스태프로서 생각해 볼 필요가 있다.

③ 물심 양면으로 이해가 일치하는 그룹[예를 들면 가족과 같은 것]을 만든다. 이 비공식 조직을 공식조직에 합치시켜 보면 당장 놀라운 효과가 나타남을 알 수 있을 것이다.

이상 말한 것을 정리해 보자.

변화에 적응하고, 사원이 신명나게 일할 수 있는 시스템을 만들려면 다음과 같은 점에 주력해야 한다.

① 물품과 작업 중심보다는 사람 중심의 시스템

② 더글러스 매그리거가 주장하는 Y이론의 적용

〈그림 16〉

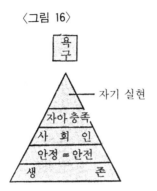

X이론 : 인간은 선천적으로 게으름뱅이고, 일하기 싫어한
　　　　다.
　　　　기업의 목표달성을 위해서는 감시 · 강제 · 통제 ·
　　　　명령 · 처벌이 절대 필요하다.
Y이론 : 인간의 본성은 일하기 위해 심신을 활동하는 것이
　　　　다.
　　　　날때부터 일하기를 싫어하는 사람은 없다. 조건에
　　　　따라 일은 만족감의 원천도 되고 반대로 징벌(徵
　　　　罰)의 원인도 된다. 스스로 선택한 목표를 위해
　　　　서는 스스로를 채찍질하며 일하는 것이 인간이다.

36. 스스로 신고하는 제도는 명령하지 말라

이상적 자기 신고법

예산제도의 위기

상사로 부터 주어진 일, 명령받은 일보다는 스스로 참여하여 스스로 하겠다는 의욕을 가지고 하는 일은 비교도 안되리 만큼 능률이 오른다.

덴쓰(電通)의 고(故) 요시다(吉田) 사장이 사원에게 강조한 덴쓰 '마신(魔神)의 10칙(則)'에도 있듯이 '일이란 주어지는 것이 아니라 따내는 것'이다. 그러나 기업에는 질서가 있다. 기업 자체의 방침도 있고 계획도 있다. 기업이 커지면 예산제도는 반드시 필요하다. 이런 상황에서 문제점을 해결하는 것이 자기신고제 (自己申告制)의 채용이다.

하지만 변화가 심할 때는, 시계열적(時系列的)인 전망은 상당히 거시적(巨視的)이어야만 실패하지 않는다.

'지금까지는 이만큼 팔렸으니까, 과거의 경향(傾向)으로 보아 금년에는 전년 대비 20%쯤 증가할 것이다'라는 식으로 설정된 예산은 상황의 급변으로 언제 어떻게 변화될는지 알 수가 없다.

당사자로서도 떠맡겨진 노르마(기준)라는 것은, 간단히 해치울 수 있는 것일지라도 어쩐지 마음이 내키지 않는다.

목표액이 적으면 적은대로 '이런 평가밖에 못 받나' 하는 생각에 기가 죽고, 많으면 '무슨 유감이 있다고 이렇게 떠맡기는 거지' 하면서 울화가 치민다.

현재 상부로부터의 일방적인 예산제도는 이런 의미에서 위기에 봉착하고 있다. 이 문제를 해결하는 것이 자기신고제의 채용이다.

자기신고제의 5 포인트

한편으로 자기신고제를 채택하는 기업이 증가하고 있다.

이 자기신고제는, 기본적으로 잘못되면, 운영이 매우 어렵지만, 기본만 합당하고 확고하다면 완전히 방임관리적이 되고, 회사도 당사자도 다 같이 의욕에 넘치게 된다.

그 기본이란 ① 참여하는 의욕을 소중히 한다 ② 독립 의욕을 북돋아 준다 ③ 책임감을 충족시킨다 ④ 상성의 관리를 인정한다 ⑤ 보수까지도 자기신고제를 중심으로 검토한다는 5가지이다.

구체적으로 예를 들면 다음과 같이 된다.

회사 내에 중요한 영업부서가 5가지 있다고 치자. 영업부장의 후보자는 10명 있다. 이 때, 10명의 후보자에게 자기가 책임자로서 운영하고 싶은 부서를 제1～제3후보까지 자기신고 시킨다.

이 자기신고에서는 이에 덧붙여서 자기가 부서의 책임자가 되었을 때의 매상고 예정, 조수익(粗收益) 예정, 경비 예정, 이익 예정과 그 부서에서 함께 일하고 싶은 사람들의 이름도 신고토록 한다. 그리고 만약에 소정의 이익을 올렸을 때의 받고 싶은 보수, 그 이상이 되었을 때의 성과 배분, 예정된 신고액에 못미쳤을 때의 책임까지도 같이 기록하여 신고토록 한다.

10명의 후보자로부터 만일 30개의 담당부서와 이에 따른 제반 신고가 나오면, 회사는 회사와 10명의 후보자에게 가장 플러스가 되는 인사 정책을 취한다.

상사로 부터 일방적으로 주어지는 예산제도보다는, 이렇게 신고된 예산제도가 달성률에 있어서 훨씬 목표에 가깝고, 목표를 상회하는 경우도 흔하다는 것이 이미 여러 기업에서 증명되고 있다.

아마도 이것은 원형 시스템(원형조직)과 상성의 경영, 상성의 관리에 있어서 응용이 될 것이다.

의욕을 북돋우는 신고제가 되려면

물론 이 신고제도에 문제점이 없는 것은 아니다. 의욕이 없는 종업원과 '늦지 말고, 쉬지 말고, 열심히 일하지 말고' 식의 샐러리맨형 종업원이 기업 안에서 대부분을 차지하고 있으며 책임 회피적인 자세가 충만된 기업에서는 이런 방법이 성과를 올리기 힘들 것이다.

그러나 기업이 발전하기 위해서는 앞으로 자기신고제의 채용이 가능해져야만 한다.

이를 위해서는 종업원의 의욕이 불타 신명나게 일할 수 있는 여건을 하나씩 착실히 만들어 나가야 한다. 결론을 알고 있더라도 한꺼번에 포기해서는 안된다. 마구잡이 단계에서는 먼저 표준화 하지 않고서 개성화가 불가능한 것이다.

어쨌거나 빈사상태인 예산제도를 기사회생하려면 자기신고제로 전환할 수 있게끔, 하루속히 체제를 정비하는 것이 지금으로서는 각 기업체의 급선무라 할 수 있다.

37. 이해일치 그룹을 만들어라

부부 · 친자 · 형제적 관계의 재발견

세가지의 이해일치 그룹

상성(相性)과 아주 흡사한 효과를 나타내는 것이 있다. 그것은 물심양면으로 이해관계가 일치하는 사람들의 인간관계이다.

가족, 작은 회사, 비공식(非公式) 조직 등의 성립요인을 살펴보면 상성에 의한 결합과 물심양면으로 이해일치하는 그룹으로서의 결합, 두가지가 있다.

그리고 물심양면의 이해일치 그룹에는, 예를 들면 상거래상의 그룹처럼 '물품' 만의 경우와 부부처럼 물심양면인 경우, 또 사제 (師弟) 관계같은 정신적인 이해일치 등 발생과정에 있어 3가지 다른 요소가 있다.

이 중에서는 역시 물심양면의 이해일치로 이루어져 있는 쪽이 가장 결합력이 강하다.

이어서 마음만의 일치이고, 가장 결합력이 약한 것은 물품의 이해에 의한 일치 그룹이다.

심리적인 일치와 상성과는 약간 다르다.

상성이란, 이유없이 편하고 안심할 수 있는 관계지만, 마음의 일치는 하나의 목표가 기둥이 되는 경우가 많다.

그런데 비공식 조직의 원리는 '자연스럽고, 절대 무리를 하지 않으면서도 가장 효율적인 상태를 유지하는 조직이고 그 특성은

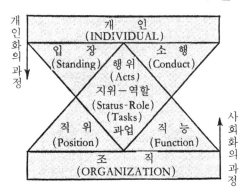

〈그림 17〉조직결합 과정의 다이어그램

공식 및 비공식의 과업과 행위의 융합＝(Activity)
공식 및 비공식의 직능과 소행의 융합＝(Role)
공식 및 비공식의 직위와 입장의 융합＝(Status)

유동성에 있다'고 알려져 있다.

그리고 나는 비공식 조직 중에서도 가장 효율적인 것은 물심양
면의 이해일치 그룹에 의한 조직이라고 믿고 있다. 단 영속성
(永續性)이란 의미에서는 상성에 의한 조직이 더욱 발전적이
다. 그러나 최선의 조직은 이 양자가 일치하는 것이다.

공식 조직과 비공식 조직의 일치

조직의 궁극적인 방향은 공식 조직과 비공식 조직의 일치이
다. 이 양자를 일치시키는 것이 조직학의 목적이라고도 할 수
있다.

비공식 조직의 관리방법은 방임(放任)관리이다. 무엇보다도
방임관리화가 낫다고 내가 주장하는 이유를 이것으로 짐작할
수 있을 것이다.

그림 17은 조직 결합 과정의 다이어그램인데 개인과 조직의

일체화가 공식 조직과 비공식 조직의 일치 방향이라 할 수 있다.

그리고 이를 위해서는 개인관리의 원칙인 자유성(自由性)과 임의성(任意性)을 살리는 것을 공식 조직 내의 관리에서도 고려해야 한다.

이 점을 염두에 두고 그림 17의 다이어그램을 잘 검토하시기 바란다.

그룹 만들기의 방법

나는 지금 기업 내에 '물심양면의 이해일치 그룹'을 만들기를 권장하고 있다. 마치 가족처럼, 모든 면에서의 이해가 일치한다면 그 그룹은 목적을 위해 서로를 도우면서 전력을 다할 것임에 틀림없다.

이 그룹 만들기의 방법은 먼저 조건의 설정부터 시작해야 한다. 그 조건은 가족적인 분위기 조성이다. 유감스럽게도 인간은 일반적으로 남의 행복이나 성공을 진심으로는 기뻐할 수 없고 남의 불행이나 실패를 진정으로는 슬퍼할 수 없는 존재이다. 그러나 아무런 꾸밈없이 남이 잘되는 것을 기뻐하고 잘못되는 것을 슬퍼하는 존재가 있다. 그것이 가족이고 물심양면의 이해일치 그룹이다.

기업 내에서 물심양면의 이해일치 그룹을 만들도록 하자. 그것은 풍요로운 시대와 가장 잘 일치하는 관리수법이다.

하청관리를 동반자 관리, 동업자 관리로까지 높이자. '참여와 독립'의 관리로 발전시키자.

이것이 방임관리로 가는 지름길이며, 상성의 관리와 함께 최선의 방법이 아니겠는가.

　원형관리, 행운이 지속되는 경영 등을 잘 활용할 수 있는 신나고 보람찬 기업을 만드는데 전력을 다하여 주기 바란다.

제 4 장
성공을 위한 인재 혁신

38. 올라운드 맨(만능선수)시대

전문가, 기술자(장인)의 시대는 사라져 가고 있다

거시적(巨視的) 인간과 미시적(微視的) 인간

"전문가 시대가 온다거나, 명인(名人)·장인(匠人)의 시대가 온다고들 하는데, 아닌게 아니라 한가지 기예(技藝)에 빼어나기란 아무나 할 수 있는 일이 아니다. 그 사람들은 응분의 대접을 받아 마땅하다."

요즘 이런 말을 자주 듣게 된다. 어느 의미에서 이 말은 맞는 말이고, 일기일예(一技一藝)에 빼어난다는 것은 살아가는 한가지 방법이다.

나도 이에 대해서는 조건 설정이란 의미에서 100% 긍정한다. 그러나 전문가나 장인의 입장에서 보면 살아가기 힘겨운 세상이 온다는 것도 부정할 수 없다.

그 이유는, 전문가나 장인이 빠져드는 자기 과신(自己過信)과 자아(自我)에 있다. 한 가지 일에만 외곬으로 빠지면 아무래도 시야가 좁아진다. '한가지 기예에 통하면 백가지 기예에도 달한다'는 말은 사실이긴 하지만 그것은 기예라는 원칙적인 것, 더 알기 쉽게 말하면 인간이 추구해 마지 않는 '진·선·미의 진리'가 모든 것에 통한다는 말이지 시야가 넓어진다는 말은 아니다. 물론 응용력이 탁월하고 일기일예에 있어서 최고의 수준까지 이르면 자연히 시야도 넓어지겠지만, 그런 일은 아무에게나

가능한 것이 아니다.

현대사회의 지도자는 거시적 사고형(思考型) 인간이다.

내 친구들의 직업은 두가지로 크게 나눌 수 있다. 그 하나는 경영자이고 다른 하나는 학자와 경영 컨설턴트이다. 그런데 내가 알고 있는 한, 이 양자에는 뚜렷한 차이가 있다.

제일 큰 차이는, 경영자인 사람들은 모두 다 엄청난 박식가(博識家)라는 점이다. 그들은 마크로(거시적) 인간이다. 남의 말을 일단은 무슨 말이든 겸허하게 듣고 맞다 싶으면 당장 받아들인다. 그리고 아주 겸손하다.

이와 반대로 학자나 컨설턴트는 일반적으로 전문분야에 관한 것은 박식하게 다 알고 있지만, 그 밖의 것에 관해서는 전혀 관심이 없는 사람이 많다. 예외는 물론 있다. 그러나 전반적으로 어느 쪽이냐 하면 미크로(미시적)인간이다. 화제도 자연히 제한적이다.

콧대가 센 편이고, 남의 말에는 귀를 잘 기울이려고 하지 않는다. 거의가 자기중심적이다.

이와 같은 완전히 상반된 두 타입의 친구들에 대해 나는 곰곰히 생각할 때가 있다. 살아감에 있어서 어느 쪽이 옳으냐, 혹은 행복하느냐는 본인의 가치관이나 인생관이 정할 일이므로 그런 일에 관여할 생각은 추호도 없으나 인간이라는 것은 저마다 나름대로의 가치관을 지니고 그것을 추구하는 것이 그 사람의 삶의 보람이라고 생각한다.

여자 · 구미(口味) · 섹스 이외는 변화한다

다만 객관적으로 볼 때, 현대사회를 움직이고 있고 지도력을 실제로 발휘하고 있는 것은 틀림없이 경영자형인 사람이다. 결코

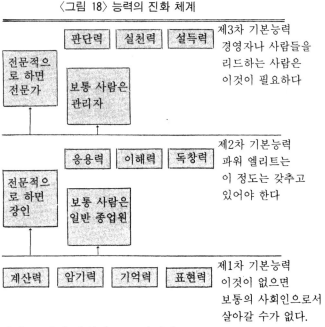

〈그림 18〉 능력의 진화 체계

| | 판단력 | 실천력 | 설득력 | 제3차 기본능력
경영자나 사람들을
리드하는 사람은
이것이 필요하다 |

전문적으로 하면 전문가

보통 사람은 관리자

| | 응용력 | 이해력 | 독창력 | 제2차 기본능력
파워 엘리트는
이 정도는 갖추고
있어야 한다 |

전문적으로 하면 장인

보통 사람은 일반 종업원

| 계산력 | 암기력 | 기억력 | 표현력 | 제1차 기본능력
이것이 없으면
보통의 사회인으로서
살아갈 수가 없다. |

학자도 아니고 경영 컨설턴트도 아니다.

경영자형인 체질을 지닌 사람들이 사회에 잘 적응하고, 수용되고 있는 사실은 누구도 부정하지 못할 것이다.

더구나 이러한 경향은, 일본에서 해마다 심해질 것으로 짐작된다. 시대가 격변함에 따라 한가지 일에만 좁고 깊게 파고들면 '전문적인 바보'가 될 가능성이 짙다.

"장인이라는 것은 이른바 '전문적인 바보'의 하나라고도 할 수 있다. '여자·구미·섹스'와 같은 언제나 변하지 않는 욕망과 관련되지 않는 한, 전문가는 매우 난처하게 될 것이다."

이 말은 이미 정설(定說)이 되고 있다. '여자·구미·섹스'에 관한 것 이외는 변화하므로 시류를 따라 갈 수가 없게 된다는 말이다.

장인(匠人)과 전문가의 차이

장인과 전문가는 다르다. 그 차이에 대해서는 그림 18에 제시했다.

제1차적인 기본 능력만 있고 한 가지 일에만 파고드는 사람이 장인(匠人)이고, 제2차적인 기본 능력까지 갖고 있으면서 한 가지 일에 파고드는 것이 전문가이다.

지금은 올라운드맨(만능 선수) 시대이다. 변화에 적응하기 위해서는 몇가지 전문적인 일을 다루거나 전문가를 코디넛드하는 능력 혹은 포용하는 능력을 갖추는 것이 살아가는 데 유리한 것이다.

올라운드맨 즉석 제조법

이 세상에서 명인과 명장(名匠)은 아주 귀한 존재이다.

이른바 '진짜배기 사람'이나 '인간문화재'를 만드는 데는 햇수가 걸리기 때문이다. 명인이 한 사람 태어나려면 아무리 빨라도 20년은 걸릴 것이다. '뜨거운 물을 붓고 2분 후에' 식의 인스턴트 방법으로는 될 일이 아니다.

명인이 만들어 내는 것은 진국이고 다른 누가 만든 것보다 훌륭할 것임에 틀림없다. 그런데 보통사람이 명인이 되기 위해 기예를 닦기 시작한 뒤 3년이 지나면 얼마 만큼의 성과가 오를까. 예를 들어 게다[일본 나막신]를 만들기로 할때, 3년 동안 열심히 익힌다면 명인 솜씨까지는 못미치더라도 웬만한 게다는 만들 수 있을 것이다. 이것은 쉽게 상상되는 일이다.

어느 연구 보고에 의하면, 20의 노력으로 완벽한 진짜배기

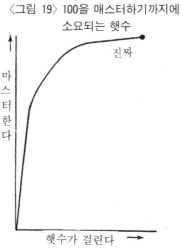

〈그림 19〉 100을 매스터하기까지에
소요되는 햇수

마
스
터
한
다

진짜

햇수가 걸린다 →

(100%)가 되는 성과는 3의 노력으로 그 80%가 이루어진다고
한다. 나머지 20%를 달성하는데 17의 노력을 기울여야만 되는
셈이다. 이 나머지 20%도 17×3 / 20으로 그 80%(전체의 96%)
가 이루어진다는 관계인데, 이런 비율로 100%의 마지막 1%를
완수하기까지는 막대한 노력이 필요하다는 계산이다. 이것으로
도, 이른바 진짜배기가 얼마나 귀하고 가치있는 것인지 알 수
있다. 도표로 나타내면 그림 19와 같다.

그림 19는 연공(年功)의 귀중함, 100이라는 작업의 가치를
잘 나타내고 있다. 그렇지만 이것을 뒤집어 생각하면 한가지에만
전념하는 것, 외곬수 전문업의 효율이 좋지 않다는 증명인 것이
다.

그러면 여러가지 작업에 3년씩 노력을 기울이면 어떻게 될
까?

여러 방면의 일을 80%씩 익힌 인간은 어떻게 될까?

〈그림 20〉 인생 외길 20년 다방면에 3년씩 18년

진짜인만큼 귀하고 밀도가 짙다.

여러 방면에 적응할 수 있다. 큰 시대의 흐름을 탈 수 있다.

작은 시대를 흐름에 따라가지 못하고 뒤처져 남아 홀로 반짝 반짝 빛나고 있다.

빠른 효과는 벼락치기 뿐이다

요즘 일본에서도 게다를 신는 사람은 매우 드물다. 나는 기회 있을 때마다, 기업체에 장인적(匠人的)인 기질의 종업원이 많은 것은 회사 발전에 치명적일 수 있다고 말해 왔는데, 여러가지 점에서 스케일이 큰 인간을 키울 필요성이 있다. 올라운드맨 (만능 선수)은 육성하기도 쉽고 효율이 좋은 것이다.

효율이 즉시 나타나는 것은 벼락치기 공부에만 나타나는 현상 이다. 태양의 에너지는 거리의 3제곱에 비례하여 상실되는데, 작은 광원(光源)인 레이저 광선은 살인무기가 될 수도 있다. 노력도 방향을 설정하지 않으면 아무런 효과도 나타나지 않는 다. 더구나 요즘의 젊은 사람들은 '젊었을 때 여러 가지 공부를 해 두라'는 따위의 말은 들은체도 않을 것이다. 겨울이 춥고 여름 이 더운 것은 태양의 조사각도(照射角度)때문이다. 에너지원을 향해 조사면의 각도를 잘 잡아주는 것이 에너지의 유효한 이용법 이다. 어쨌든 한번 시켜 볼 일이다.

생각나는 대로 두서없이 말했는데, 이와 같이 느낀 일들을 다른 일에 부합시켜 보는 것은 두뇌 회전에도 도움이 된다. 요즈

음처럼 센트럴 히팅이나 빌딩 난방이 크게 보급되자 겨울에도 모기가 활동한다고 한다. 실례가 이상하게 들리겠지만, 환경에 관해 한번쯤 곰곰이 생각해 보기 바란다.

39. 아마추어의 프로가 되라

거절 반응인(反應人)은 성장 못한다

머신 컨트롤과 맨 컨트롤의 일치

나는 프로[프로페셔널]를 좋아하지 않는다. 특히 장인과 전문가라는 사람에 대해서는 점수가 짜다. 스스로 미크로의 껍질 속에 틀어박히기 때문이다. 따라서 이런 사람은 남의 말을 듣지 않고 쓸데없는 자부심이 강해 인간으로서의 성장이 순조롭지 못하다.

'프로란 거절반응(拒絶反應)에서 보람을 찾고 성장을 포기하는 인간이다.'

이것이 나의 프로관인데, 나는 사람의 성장과정을 통해 절대로 프로적인 프로는 만들고 싶지 않다. 나는 아마추어이면서 무엇이든 할 수 있는 인간을 만드는 일에 온 힘을 쏟고 있다.

적절한 예가 아닐는지도 모르겠으나, 우리 회사의 K양은 대학을 갓 나온 신입 사원으로 월간지 '코스모스 클럽'의 편집을 맡고 있는데 결코 프로가 되지 않고 있다.

편집이나 기사에 관해서도, 누구의 의견이나 누구의 비판도

〈그림 21〉

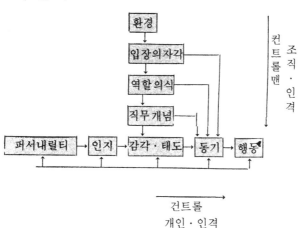

기꺼이 듣는다. 절대로 거절반응을 나타내지 않는다. 그렇기 때문에 파격적으로 발전하고 있다.

프로의 기술면적인 필요성이나 우수성을 나도 모르는 바는 아니다. 그리고 그런 장점을 부인하지도 않는다. 하지만, 프로의 인간적인 면을 분석할 때, 거기에는 반드시 초주관(超主觀)적인 세계가 있다.

지금처럼 급변하지 않고 대부분의 물건이 조악(粗惡)했던 옛날에는, 숙련자가 커다란 가치를 지니고 있었을 것이다. 그러나 지금은 격변의 시대이므로 내일을 추정하기도 어려우며 쏟아져 나오는 물건들은 100% 우량품인 것이다.

그뿐 아니라 상대적 가치관 속에서 살 수밖에 없는 시대가 되었다. 보는 각도를 바꾸는 것이 성공과 성장의 최대 포인트라고 한다면, 지금 우리는 프로가 아닌 인간의 성장방식을 찾아 내어야 하는 것이다.

나는 남성이나 여성에게나 모든 일을 가리지 않고 시키고 있

158

다. 시킨다기보다는 그 사람들이 자발적으로 기꺼이 일을 해주고 있다.

그 비결은 흥미이다. 흥미가 있으면 그 다음은 즐겁다. 척척 발전한다. 문제는 어떻게 흥미를 갖게 하느냐인데 이것은 동기부여와 신임이 문제를 해결한다.

이 동기부여는 그림 21과 같이 머신 컨트롤과 맨 컨트롤을 일치시키지 않으면 불가능하다.

또 믿고 인정한다는 것은 물심양면의 이해일치 그룹이 되지 않으면 불가능하다. 서로 믿고, 안심할 수 있으며, 맡길 수 있는 관계인 것이다. 상호관계가 물심양면에서, 그 밖의 모든 일에 대해서도 이해일치하는 관계가 되면 인간은 반드시 공동의 문제에 흥미를 갖게 된다.

이리하여 프로답지 않는 아마추어의 베테랑이 생겨 프로 이상의 성과를 올리게 되는 것이다.

40. 능력보다는 지도력, 포옹력의 시대

제3차적인 기본 능력의 발전

현대 영웅의 조건

표 33은 그림 18을 정리하여 나타낸 것이다.

제1차적인 기본능력은 살아가는데 필요한 능력이다. 이것이 없으면 혼자서는 살아갈 수가 없다. 그런데, 이 제1차적인 기본능

〈표 33〉 3가지의 기본능력

제1차적 기본능력	암기력　기억력 표현력　계산력
제2차적 기본능력	이해력　응용력 창조력　내구력
제3차적 기본능력	포용력　지도력 실천력(판단력과 결단력) 조직력

력이 없는 사람을 가리켜 '머리가 나쁜 사람'이라고 한다. 제1차적 기본능력이 완비되어 있는 사람이 '보통 사람'이다.

다음으로, 제2차적 기본능력이 완비되어 있는 사람을 '머리가 좋은 사람'이라 한다. 머리가 좋은 사람이 한가지 일에 파고들면 전문가가 된다. 전문가가 살기 힘든 세상이 되리라는 것은 이미 말했는데, 그럼 현대의 영웅은 어떤 사람일까.

나는 제3차적 기본능력을 갖춘 사람이라고 말하고 싶다. 특히 제3차적 기본능력 중에서도 포용력과 지도력 그리고 실천력이 중요하다고 생각한다.

포용력이란 부모가 자식을 대할 때에 보이는 힘이다. 마치 제 사식을 대할 때와 마찬가지로 사귈 수 있는 능력을 말하는데, 보통 20명 정도가 그 한계라고 한다. 또 4명 정도가 포용력을 발휘하는데 가장 알맞는 숫자라는 연구도 있다.

세상이 아무리 변화해도 자식에게 부모만큼 고마운 존재는 없다. 거기에는 어리광이 있다. 그리고 역시 부모의 기대에 보답하려고 한다. 이런 관계가 조직 내의 상하간에 잘 이루어지는 것이 가장 바람직하다.

지도력이라는 것은, 마치 자기 가족을 대하듯이 행동할 수 있는 능력이다. 물심양면으로 이해가 일치하는 그룹 내에서의 경우처럼, 부하 일을 자기 일과 같이 생각해 줄 수 있어야 비로소 지도력 있는 사람이 된다.

부하 생각은 하지 않고 자기중심으로 일을 처리하며, 부하의 공을 뺏고, 죄는 부하에게 씌우는 상사는 지도력에 있어서 ○점 이다. 이런 지배자가 되어서는 안된다.

그런 의미에서 존경받고 흠모되며, 신뢰받는 관계를 부하와의 사이에 수립할 수가 있어야 비로소 지도력이 있다고 말할 수 있다.

지도력에도 보통 한계가 있는데, 4명에서 100명 정도까지의 부하가 대상적정수(對象適定數)이고, 일반적으로는 20명 이하라 고 한다.

현대사회는 어느 의미에서 인심이 각박한 세상이다. 조직 내의 상하 관계에 있어서도 기브 앤드 테이크의 관계밖에 성립되 지 않는다. 포옹력·지도력이 없으면 그런 의미에서 사람을 부릴 수가 없다.

옛날처럼 일만 잘 한다면 인간성 같은 것은 문제가 안 된다는 능력 본위의 가치관은 현재 통용되지 않는 것이다.

포옹력과 지도력의 한계 내에서 서로가 마음 상하게 하는 일이 없도록, 그러면서도 능률이 떨어지지 않게 대조직의 운영도 탈바 꿈할 필요가 있다. 내가 독립과 참여 방식을 취하라, 상성과 이해 일치 그룹의 관리나 방임관리를 취하라고 하는 의미는 이것으로 충분히 이해되리라 생각한다.

이론보다는 실천력이 중요하다

그런데 이들 능력 이외에도 지금은 실천력이 있어야 하는 시대이다. 생각할 뿐이고 이론만 있을 뿐 실천하지 않는다면 지극히 간단하게 그 생각이나 이론은 헛된 것이 되고 만다. 세상이 변화하기 때문이다.

그런데, 영세기업적(零細企業的)인 아이디어라도 장사가 안되는 것은 아니다. 이익을 낳기 쉽고 큰 위험을 안지 않아도 좋은 시대가 되었다. 생리적·경제적 욕구에 의지하는 근원 상품의 웨이트(비중)가 줄어들고 사회적·문화적 욕구라는 사치 상품의 웨이트가 급증하기 시작했기 때문이다.

근원 상품은 매스화를 최선으로 하지만, 사치상품은 분위기를 최선으로 한다. 그리고 그것은 어디까지나 중소기업에 적합한 상품이다. 그런데 사치 상품은 아이디어를 실천에 옮겨 보기 전에는 그 성공 여부를 알아낼 길이 없다.

지금 일부 대기업에서도 사치 상품을 다루기 시작했다. 현실에 적응하려는 당연한 처사라 하겠다.

아무튼 아이디어가 떠오르면 당장 달려들고 그것이 잘못된 것이라면 미련없이 그만 두는 실천력을 갖추지 않고서는 앞으로 시류에 적응해 나가기가 매우 어려워질 것이다.

41. MTP형 간부의 사명은 끝났다

시대착오적인 교육방식

미국 편중의 MTP

제2차 세계대전 후, 일본에 맹렬한 기세로 만연한 것에 MTP

가 있다.

MTP는 Management Training Program의 약칭인데, '관리자 훈련 강좌'라고 번역되었다. 독자들은 한번쯤 이 이야기를 들었을 것이다.

MTP는 2차 대전중에 미국에서 발달한 것이다. 단기간에 중간 간부의 감독자를 양성하기 위해 고안된 관리 상법의 하나인데, 인간 기계화 사상이 그 바닥에 깔려 있다.

인간을 획일적으로 생각하고 능률적으로 봉사시키기 위해 그 능력은 동일하다는 추정아래 성립된 것이다.

2차 대전후, 일본 점령군인 미군이 일본인 노무자를 고용할 때 이 MTP가 그대로 활용되었다.

모든 것이 미국 일변도이고 먹고 살기 위해 자존심마저 버리고 있었던 1940년대 후반의 일본인에게는 MTP가 마치 무슨 신통력과 같은 관리수법으로 인식되었다.

50년대에 접어들자, 이 MTP는 재일(在日) 미국의 노무자 고용에서 관리자 역할을 한 사람들에 의해 일본의 각 기업에 소개되었다.

이들 소개자들은 일본 경영 컨설턴트의 선구자로서 MTP를 텍스트로 삼아 관리수법 도입을 시작했던 것이다.

더구나 급속성장 과정에 있었던 일본 경제, 아메리카나이즈(미국화)를 최고로 생각하는 풍조와 함께 그것은 50년대 후반에 요원의 불길처럼 일본 전국의 각 기업을 휩쓸었다. 또, 시류에 적응하여 그만한 성과도 올렸다.

그러나 급속도로 변화한 일본, 패션에 있어서도 인간의 정서와 감정의 진화에 있어서 미국보다 더 성장해 버린 지금의 일본에서는, 이미 슈퍼마켓 이론이 의류품업계서 통용하지 않듯이, 기업 경영 수법으로서의 MTP도 통용하지 않게 되어버린 것이다.

여기서는 MTP의 조직 원칙에 대해 약간 소개하고 MTP가 어째서 지금은 무용지물이 되어버렸는지를 구체적으로 살펴보겠다.

MTP의 조직원칙과 내용	그것을 받아들일 수 없게 된 이유
1. 지령계통 통일의 원칙 　자기에게 명령을 내리는 상사는 항상 한사람이고, 부하는 상사의 명령에 의해서만 일을 한다. 　따라서 상사는 자기의 부하가 지금 어디서 무엇을 하고 있는지 낱낱이 알고 있어야 하며, 부하는 명령에 대해 보고해야만 하고, 상사는 그 보고를 체크해야만 한다.	현재는 이미 말했듯이 인간성 중심 시대이다. 사고(思考)의 여지가 없으면 사람은 일하지 않는다. 명령대로 기계처럼 일하는 것은 불과 몇사람의 인간뿐이다. 그리고 그런 인간이 극소수에 불과한 것이 현재의 일본이고, 앞으로 점점 더 적어질 것 같은 현상을 나타내고 있다. 　시류의 변화에 적응하고, 보다 좋은 성과를 올리기 위해서는, 복수의 상사와 복수의 부하 관계가 상식화 되고 있다.
2. 동질적인 작업 할당의 원칙 　부하에게 작업을 할당할 때는 되도록 동질적인 것으로 묶어서 줄 것. 이질적인 것을 이것저것 주면 작업 능률이 저하한다.	현재는 한 공장내에서도 의도적으로 이질화 한 작업할당을 하여 일하는 의욕을 북돋우고 있다. 　동질적인 것만으로 묶으면 사람을 채용하기가 어려울 것이다. 능률도 도리어 급락할 것이다.
3. 삼면등가(三面等價)의 원칙 　정삼각형을 그려보자. 그 세 변이 같듯이 권한과 의무와 책임은 같은 크기를 가진다.	현재는 스태프 시대이다. 세상이 복잡해지면 의사결정을 돕기 위한 스태프를 필요로 한다. 　이 스태프라는 것은 책임과 의무는 있다. 그러나 권한은

〈그림 22〉

책임
권한
의무

책 임 이 크면 그에 따라 큰 권 한 과 의 무 가 수반되는 것 이 다 (그림-22 참조).

하나도 없다.

이처럼 3면이 같지 않는 것이 앞으로는 자꾸만 생길 것이다. 조직체도 이미 단순한 것은 아닌 것이다.

4. 통제의 한계 원칙

예컨대, 공장내에서의 단순작업이라도 10명 정도, 세일즈와 같은 일을 시키는 경우라면 6명 가량밖에 부하를 쓸 수 없다.

이 한계는 인원수, 거리 등에 따라 설정된다. 그렇게 많이는 부하를 쓸수 없는 법이다.

인간의 능력에는 한계가 없다. 부하를 10명 쓸 수 있는 사람도 있고 2명밖에 못 쓰는 사람도 있다.

상대가 기계적인 인간이 아니라 인적 요소가 주체인 인간이라면, 그것은 상대적인 것으로, 상사와 부하의 능력에 따라 정해지는 것이다. 결코 인원수나 거리에 따라 정해지는 것은 아니다.

현재는 능력이 있는 사람에게 그 능력을 풀 가동시킬 수 있는 일을 주어야 한다. 한계를 획일적으로 그을 수는 없게 되어 있다.

5. 예외 처리의 원칙

회사내에 100의 일이 있다고 하자. 사장은 그 중에서 사장이 아니면 할 수 없는 일(예컨대 그것이 3 있으면 3의 일)만을 하고, 나머지는 모두 부하에게 이양한다. 일을 이양받은 사람은 그 중에서 자기가 아니면 할

현재는 올라운드 맨의 시대이다. 또, 한 가지 일을 여러 사람이 함께 처리함으로써 효율을 높이는 새로운 수법도 찾아낼 수 있다.

그런데 예외처리만 하고 있으면, 시류적응에 가장 필요한 조건, 즉 말단의 움직임을 알

수 없는 일만 하고 나머지는 부하에게 또 이양한다. 　달리 말하자면, 높은 사람일수록 아래사람이 할 수 없는 예외 사항만을 처리해 나간다. 　예외사항만 위에서부터 순차적으로 처리해 나가면 일이 한 사람에게만 몰리지 않고 공평하게 나누어진다.	수가 없다. 　또 시간이 나는대로 여러 가지 일을 해보는 것이 좋다. 절대로 테두리 안에서만 움직이려고 해서는 안된다. 이런 것을 굳이 공식화하고, 그 공식이라는 틀에 스스로를 가두면 우물안 개구리가 되기 십상이다.

현재도 이 MTP 이론의 일부는 아직 적절하게 활용할 수 있지만, 그 근본은 시대착오도 이만저만한 것이 아닌 것으로 되어버렸다. 시대의 유물로서 MTP를 인식하시기 바란다. 그러나 조직 운영에는 MTP형 밖에 없다는 감각을 가진 사람이 아직도 수두룩하다.

　감히 말하거니와, 아직도 MTP형 감각만인 사람은 멀잖아 어김없이 탈락자 명단에 이름이 오르게 될 것이다. 명심하기 바란다.

42. 모르는 일에 뛰어들어라

자기 성장의 3요건

사고(思考) 형태상의 2가지 타입

　여러 사람들을 만나다 보면 사고 형태상 두가지 타입이 눈에 띈다.

그 하나는, 차례차례로 새로운 지식을 흡수하여 아무런 저항 없이 언제나 새로운 사고형태를 취하는 사람이고 다른 하나는 자기가 이미 알고 있는 지식 속에 안주하여, 새로운 지식을 되도록 피하고 패턴화 된 똑같은 사고형태 속에서 살아가려는 사람이다.

젊은 사람은 대체로 전자이고, 노인이 되면 후자에 가까워진다. 또, 나이가 든 사람이라도 항상 유동하는 사회의 제일선에서 활동하는 사람은 전자일 경우가 많다.

최근, 의식(意識) I 이니, II 니, 혹은 III 이니 하는 말을 자주 듣게 된다. 의식 I 이란, 메이지(明治 ; 1868~1911)와 다이쇼 (大正 ; 1912~1925) 연대에 출생한 사람들로, 프리 섹스는 나쁜 짓이라고 처음부터 정해놓고 있는 사람들이다. 의식 II 는 소화 (昭和 ; 1926~　)의 시작부터 소화 20년[1945]경까지 출생한 사람들로, 프리 섹스를 원하면서도 스스로는 실행할 수 없는 사람이다. 그리고 의식 III 은 프리 섹스에 대해 시비를 따질 생각 조차 전혀 의식 속에 없는 사람들을 가리킨다고 한다.

이것은 별난 경험, 별난 지식에 대한 연대별 욕구와 행동변화를 나타낸 재미있는 의식분류인데, 여기에서 분명한 것은 성장기에서 지식욕이 왕성한 연대일수록 저항없이 항상 새로운 사고형태를 취한다는 사실이다.

성장이라는 것은 새로운 지식과 경험이 축적되어 이루어지는 것인데, 그런 뜻에서 나이가 들어 성장이 멈추는 것은 새로운 지식과 경험이 적어질 뿐더러 그것을 자기의 것으로 하는 데 저항하기 때문일 것이다.

나는 인간 일생의 역사를 성장에 대한 도전이라고 생각한다. 보다 많은 경험과 지식은 보다 거시적인 룰(규범)을 만들 수 있는 가능성을 한 인간에게 안겨 준다.

바꾸어 말하면 성장의 크기는 보다 변화에 잘 적응하고, 변경하지 않아도 되는 거시적 룰(규범)을 만들어 낼수 있느냐 없느냐에 달려 있다고 할 수 있다.

두 사람이 다투거나 겨루게 된 경우를 상정하면, 분명히 거시적 룰을 만들수 있는 사람 쪽이 미시적 룰밖에 만들지 못하는 사람보다 유리할 것이다.

인생이 어느 의미에서 경쟁의 연속이라면, 그 사람이 얼마나 성장하느냐에 그 사람의 모든 것이 걸려 있는 것이다.

성장을 위한 3가지 요건

그러면 어떻게 성장할 수 있을까? 어떻게 하면 보다 의식적으로 지식과 경험을 자기 것으로 만들 수 있을까?

답은 3가지 있다.

그 하나는 되도록 쇼크를 받을 수 있는 장(場)에 자기 자신을 내동댕이 치는 것이다. 쇼크를 이겨냈을 때, 사람은 눈에 보이리만큼 급속히 성장한다. 쇼크에 주저 앉으면 끝장이지만, 보통사람에게는 강한 순응성이 있으므로 웬만한 쇼크 정도는 그것을 흡수하는 법이다.

해외여행을 가면 나는 모르는 레스토랑에 뛰어들어 모르는 사람에게 말을 건다. 말이 통하지 않으면 여러 가지 방법으로 통하도록 해 본다.

모르는 일, 신기한 일이 있으면 가능한 한 뛰어들어 본다. 대개는 큰 쇼크를 받는다. 그러나 그것에 의해 빨리 지식과 경험이 불어나는 것을 스스로 확실히 인식할 수 있다.

두번째는, 가능한 한 색다른 커뮤니케이션의 장소에 자신을 투입하는 것이다.

일반적으로 사자[라이온]는 사자의 적성 생존 가능지(適性生存可能地)에서 20㎢에 한 마리 비율로 밖에 살지 않으며, 호랑이는 60㎢에 한 마리 비율로 밖에 없다고 한다. 만약에 인간이 태어난 채로 발가벗고 나무몽둥이 하나밖에 가질 수가 없다면 지구상에는 300만명 밖에 못산다고 한다.

그런데 현재는 약 40억명이다. 시대와 함께 지식과 더불어 그 수는 점차 늘어났다. 300만의 한계를 이렇게 크게 깨뜨린 것은 다름아닌 지혜의 발달이다. 그것은 커뮤니케이션의 발달에 의해 이루어졌다. 언어의 발명, 문자의 발명, 인쇄의 발명, 전기의 발명이 얼마나 급속히 인간의 생존자 수를 늘렸는가를 역사는 가르치고 있다.

세번째는, 자기 자신을 객관적으로 바라보는 것이다. 자신을 객관화 하면 자기 과대평가가 축소되므로 남의 말에 귀를 기울이게 된다.

사람 한사람, 한평생의 지식이나 경험은 제아무리 노력해도 별것이 아니다. 되도록 많은 사람의 의견을 받아들이는 것이 좋다. 그렇다면 역시 겸손이 뒷받침된 자기의 객관화 밖에 방도가 없다.

이 세가지에 대해 해답을 얻으려면, 지금부터라도 당장, 되도록 대담하게 도전하기 바란다.

43. 자기실현은 일을 통해 할 수 있다

'동시처리'의 권장

취미, 보람과 일의 일치

인간은 기계가 아니다. 따라서 일과 취미, 일과 사는 보람이 일치하지 않는다면 자기실현을 일을 통해 이루기는 불가능하다.

그림 23은 인간의 욕구수행 방향을 도시한 것이다. 이 그림처럼 인간이 환경을 만들고, 환경이 그에 따르는 행동을 낳게 하고, 행동이 또 사람을 만든다. 이것이 반복되면서 인간은 진화해 간다고 볼 수 있는데, 인간은 또 스스로가 보다 인간답기를 끊임없이 희구하고 있는 존재이다. 보다 인간다움이란, 달리 말하면 보다 알찬 자기실현과 자아의 충족이라 할 수 있다.

또 환경은 앞으로 끊임없이 보다 아름다움을 되찾는 방향으로 나아갈 것이다. 이에 대해서는 다음 절(節)에서 상세히 설명하겠다.

그리고 사람의 행동은 동(動)과 정(靜)의 반복을 통해 보다 인간다움의 추구를 위해 가장 가까운 길을 찾으려고 노력하는 것이다.

자기실현과 자아의 충족을 가장 빨리 커버하는 방법은 일 그 자체를 인생의 목적으로 바꿔버리는 것이다.

일은 괴로운 것, 지겨운 것이라고 생각하지 말고 일 속에 인간

〈그림 23〉 인간의 욕구 향상 사이클

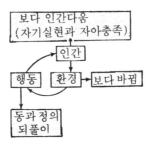

으로서 추구하고 싶은 욕구를 다 담아버리는 것이다.

이제까지의 일반적인 생각은 일은 고통이고, 돈을 벌기 위한 수단이며, 일이 끝난 뒤에 레저의 즐거움을 위한 것이었다. 이런 사고방식으로는 항상 일하는 동안에 자기 자신을 속여야만 한다. 결코 일을 통해서 자기실현을 할 수가 없는 것이다.

차별 없기, 동시 처리, 잡탕

보다 새로운 지식과 기술, 혹은 정보가 범람하는 세상의 도래가 이제부터의 일반적인 경향이라고 한다면 그것을 흡수하고 적응하기 위해서 인간은 보다 빨리 움직이지 않으면 살아갈 수 없게 된다. 그 때의 살아가는 방법은 '차별없기'이며 '동시처리'이며 '잡탕'이다. 1일 24시간이, 동시에 세가지 일을 처리하면 72시간이 되는 셈이다.

예를 들면, 지금 나는 라디오를 들으면서 왼손으로 빵을 집어 입에 옮기면서 TV에서 올해 겨울의 부인복 패턴을 설명하고 있는 디자이너 쪽을 곁눈으로 힐끔힐끔 보면서 한 시간에 4,000~5,000자의 스피드로 이 문장을 쓰고 있다.

이와 같이 항상 두가지, 세가지 일을 따로따로 구분하지 않고 동시 처리하고 있으면 자기도 모르게 일과 취미와 놀이가 동일화 (同一化) 되어 버린다.

일은 일, 놀이는 놀이, 레저는 레저라고 구분을 짓는 것이 좋다 는 생각은 그럴듯한 것 같지만, 그러다간 점점 더 무미건조하고 허전한 생애를 보내게 될 것이다.

현실적으로는 지금 모든 사람들은 동시처리에 전력을 기울이 고 있다.

은행의 지점장은 어떤 일을 하고 있거나 끊임없이 입구에서 들어오는 손님을 지켜보고 있다. 메이커의 상품기획 담당자는 언제나 손님의 입장에서 관심을 갖고 관찰하지 않으면 안된다.

음악이 없으면 공부할 수 없게 된 아이들, 채널이 다른, 두 텔리비전의 드라마 프로그램을 동시에 보고 양쪽의 줄거리를 빠뜨림없이 알 수 있는 중학생 등, 동시 처리는 착실히 진행중에 있다.

내가 독자에게 권하고 싶은 것은, 처음에는 의식적으로 '동시 처리 능력'을 길러 달라는 것이다. 요즘의 중학생처럼 두 텔레비 전을 동시에 보는 것도 좋고, 모임의 자리에서 여러 사람이 말하 는 것을 동시에 되도록 많이 알아 듣는 훈련을 쌓는 것도 좋다. 의식적으로 힘써 주기 바란다. 그렇게 하다보면 아무리 싫은 일이라도 즐겁게 할 수 있는 방향이 잡히는 법이다.

동시 처리 능력이 붙으면 붙을수록 지식은 늘어난다. 경험도 늘어난다. 거시적 룰을 만들 수 있게 된다. 지금 하고 있는 일에 대해서는 직장 내에서 일등이 된다. 그렇게 되면 희한하게도 일에 흥미와 보람을 느끼게 된다.

지금부터 당장 동시 처리의 연습에 착수하고 노력하자.

44. 시류 적응형 인간의 조건

유능한 구매 담당자의 예

첫째는 감잡기

유능한 구매 담당자는 ① 육감을 잘 잡고, ② 깔끔하며, ③ 환경 적응형이다.

어느 대형 백화점에서 구매 담당자의 적성(適性)을 알아봐 달라는 의뢰가 있었다.

옛날처럼 가게에 상품을 늘어놓으면 손님이 와서 사 주었던 시대가 지나고 현재는 손님이 원하는 것을 모든 각도에서 살피고 알아내어 그것을 들여놓아야 한다. 따라서 매출에는 구매 담당자의 능력이 큰 영향을 미친다.

그래서 그 백화점에서 의뢰를 받은 것인데, 습관적으로 물건을 잘 사들인 사람과 잘못 사들인 사람을 추적 조사해 보았다.

여러 가지 테스트를 자연스럽게 해 보았는데 그 결과만 소개하겠다.

먼저 유능한 구매 담당자는 아주 감을 잘 잡는다. 운동신경은 나이를 먹어도 쇠퇴하지 않지만, 반사신경은 끊임없이 연마하지 않으면 나이가 들수록 쇠퇴한다고 한다. 이 반사신경에 해당하는 것이 이른바 '감(육감)'이다.

감이 좋고 나쁘고는 태키스토스코프(순간 노출기)의 실험에 의해 잘 알 수 있다. 슬라이드 같은 것을 사용하여 순간적으로

〈그림 24〉순간노출기의 실험

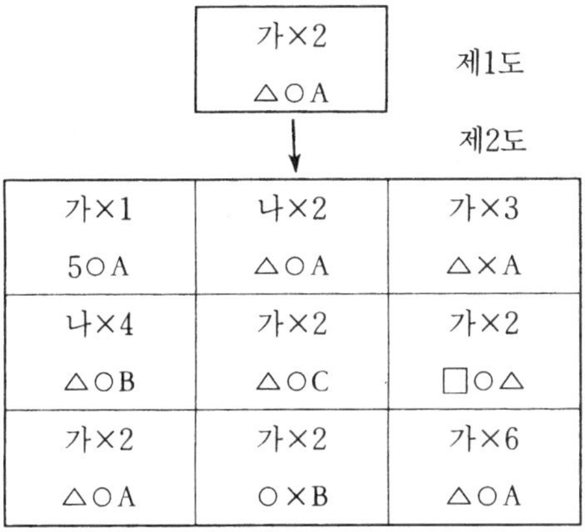

가×2 △○A		

제1도

제2도

가×1 5○A	나×2 △○A	가×3 △×A
나×4 △○B	가×2 △○C	가×2 □○△
가×2 △○A	가×2 ○×B	가×6 △○A

화면에 어떤 모양을 영사한다. 일정시간(잠깐, 1~2초) 비치고
이것을 꺼버린다.

잠시 후에 비슷한 모양을 7, 8개 영사한다. 그 중에는 처음에
영사한 모양이 하나 들어 있다. 이것이 어느 것인지, 몇 번 영사
하여 많이 맞히는 사람이 감을 잘 잡는 사람이다. 그림 24를 참조
하시기 바란다.

미적 지향(美的指向)이 강한 사람

둘째로, 유능한 구매 담당자는 정리정돈을 아주 잘한다. 한마
디로 말하면 깔끔하다. 예를 들면, 유능한 구매 담당자는 총각이
라도 이부자리를 치우지 않거나 빨래감을 쌓아놓거나 하는 사람
이 없다.

방이나 장농 속, 책상 서랍 속까지도 깔끔하게 정리정돈되어
있고, 지금 시점이면 구두는 현재 유행하고 있는 앞이 둥근 것,
바지는 스트레이트이다.

옷은 매끈하고 와이셔츠는 깨끗하고 넥타이는 반듯하고, 넥타이핀까지도 계산된 위치에 딱 붙어 있다. 어느 모로 보나 빈틈이 없다.

나는 이것을 한마디로 깔끔하다고 했는데, 사실 지금은 옛날과 같은 '핫바지' 스타일은 웃음거리밖에 되지 않는다. 손님보다도 한발짝 더 깔끔하고 멋있는, 즉 미적 지향이 강한 사람이 손님이 원하는 상품을 들여놓는 구매 담당자로서 필요한 것이다.

손님보다 반걸음 앞을 가는 사람

끝으로, 환경 적응형이 아니면 절대로 유능한 구매 담당자가 될 수 없다는 것을 알게 되었다. 지금 한창 유행하고 있는 유아화(幼兒化), 섹스화(化)를 나타내는 말 즉 '2음 반복의 4음절 말'을 5분간에 30개 이상 기록할 수 없는 사람은 현재 시점에서는 구매 담당 부적격자이다.

미니미니, 스끼스끼, 뿌찌뿌찌, 게바게바, 아나아나 등등의 말을 즉석에서 30개나 40개 정도 암기할 수 있는 사람이 아니면 환경 적응형이라고는 할 수 없는 것이다.

손님을 모르고서, 손님에게 팔 상품을 들여놓을 수는 없지 않는가.

'경쟁이 심할 때일수록 손님과 가장 가까운 사람이 그리고 손님보다 약간 앞서 가고 있는 사람이 가장 적격의 구매 담당자이다'라는 구매의 원리를 차제에 충분히 인식해 주기 바란다.

나는 그런 뜻에서, 내가 사장으로 있는 니혼 마케팅센터의 사원에게는 깔끔하기를 요구하고 멋부리기를 요구한다. 그리고 빈틈없기를 요구하고 그런 연후에 일에 달려들라고 기회있을 때마다 말한다.

　이것은 외형으로 태도를 형성하는 인간 형성학의 한 과정인데, 그 뜻을 잘 이해하여 자기 성장의 상법으로 삼기 바란다.

　구매뿐만 아니라, 일은 상대(대상)와 일체화 되었을 때 가장 성과가 오른다. 다만, 자기 자신을 상대방의 수준에 맞추어 몰입해야만 한다.

　이 상대방의 수준을 잘 파악하는 사람이 곧 ① 감을 잘 잡고, ② 깔끔하며, ③ 환경 적응형인 사람인 것이다.

45. 아름다움을 아는 인간의 시대

인류와 경제를 지켜 나가기 위해

인간성을 파괴하는 물질로부터의 탈출

　프랑스에 '1985년 그룹'이라는 미래학자들의 그룹이 있다.

　다음은 그들의 말이다.

　"모든 사람이 아름다운 환경 속에서 살 권리가 있다는 것을 선언해야 한다. 각 개인은 사회에서 그 심미적(審美的) 욕망을 만족시킴으로써 비로소 사람은 사회에서의 자기를 인식할 수 있다."

　"어른들의 감수성이 형성된 시대에는 아름다움이 대중소비 속에 침투해 있지 않았으므로 그들은 아름다움이 부분적이고 매우 드문 것이며, 뿐만 아니라 그것은 유용성과는 상관이 없는 것이라는 개념을 가지고 있다."

앞으로는 환경에 대한 정책이 보다 미적(美的) 지향으로 발전 되리라는 것을 부정할 수 없다. 아름다움은 보다 자연적인 것, 보다 참된 것을 추구하는 것이다. 그것은 '진·선·미'를 하나의 목적으로 한다고도 볼 수 있다.

인류는 지금 유사이래 위기에 처해 있다. '물질지향'이 초래한 환경파괴와 인간성의 파멸이 그것이다.

'인류는 자신이 만들어 낸 문화, 지식이나 기술에 의해 자신을 멸망으로 몰아넣을 것이다.'라고 심각하게 고민하기 시작했다.

우리는 지금 진지하게 반성해야 할 심각한 시점에 있는 것이 다.

인간 주체의 기술

런던 대학의 M.R. 게이버 교수는 전자공학의 세계적 권위자이 다. 이 게이버 교수는 다음과 같이 말하고 있다.

현재 지능지수 80 이하인 사람은 경제적으로 쓸모가 없다. 가스 등에 불을 켜거나 돼지를 기르거나 하는데 적합한 정도의 능력이면 기계가 대행해 줄 수 있기 때문이다.

멀지않아 IQ 110 이하는 별로 할 일이 없어진다. 노무자·하급 사무원·하급 서비스 업무에 종사하고 있는 사람들도 오토메이 션에 의해 어느 순간에 축출된다. 이로써 하위급인 ¾의 사람들 이 일자리를 잃는다.

나머지의 상위 ¼인 사람들만이 일자리를 얻을 수는 있는데, 그 중에서 상위 5%가 관리직·법률가·의사·기술자·과학자와 같은 매우 중요한 일을 하게 되고 나머지 20%의 사람들은 직업 이 불안정해질 것이다. 그들은 만들어 낸 기술의 발전에 따라 그 지위에서 쫓겨나게 될 것이다.

따라서 인류가 생존하기 위해서는 기술의 발전을 그냥 보고만 있을 수는 없다.

노동절약적이고 사고절약적인 방법을 더욱 발전시켜 대다수 인류의 신경적(神經的)인 균형을 조건반사와 거짓만으로 유지하는 단계로까지 몰고가서는 안된다는 것이다.

이상, 게이버 교수의 의견에 나는 전적으로 동감한다. 일본인의 반성을 촉구하고 싶다.

유럽에서는 이미 10년쯤 전부터 경쟁을 중단함과 동시에 물질적인 진보를 정지시키고 미적(美的) 욕망의 추구로 인간은 방향전환을 해야만 한다는 의견이 지배적이며, 미국에서도 일부 뜻있는 학자들은 진지하게 '성장없는 발전'과 이를 위한 목적으로서 '아름다움'의 연구에 노력하고 있다.

아름다움은 환경의 산물이다. 현재 대부분의 일본인은 이를 모르고 있는 것 같다. 그러나 '아름다움'이라는 것을 극소수의 한가한 사람의 '사치품'이라 생각하고 '아름다움'이 유용성(有用性)과는 상관없는 것이라고 생각하는 사람은 이제부터는 '인류의 적'임을 스스로 깨달아 주기 바란다.

46. 성공자는 겸허하다

조사 결과로 본 성공자의 패턴

성공자는 남을 본 받는 것부터 시작한다

인간을 교육하거나 훈련할 때에 우선 생각하는 것은 '마구잡이

→ 표준화 → 개성화'라는 순차적인 단계이다.

이 중에서 표준화를 위해 교육이라든가 훈련이 필요하다는 견해가 있는데, 이것은 그다지 틀린 말은 아니라고 생각된다.

그럼, 표준화란 도대체 무엇일까. 잘라 말하면, 살아가는 데 있어서 보다 올바르다고 이미 고찰되고 실증되어 온 것들을 그대로 하라고 강요하는 것이다.

'아무튼 믿고 해보라'는 것이다.

그 결과가 어찌 되느냐는 본인의 노력 여하에 달려 있다는 말이 되겠는데, 어느 단계까지는 앞서 성공한 사람들을 본받는 것이 무엇보다도 바람직하다.

그래서 나는 약 10년 전부터 성공자라고 일컬어지는 사람들의 패턴 만들기를 추진해 왔다. 우리 보통사람으로서는 우선 이들 성공자의 흉내를 '아무튼 믿고 해보자'는 데서부터 출발하는 것이 효과적일 것으로 생각했기 때문이다.

나는 앙케트 조사를 별로 좋아하지 않는다. 앙케트 조사에는 피조사자의 의지와는 관계없이 거짓이 섞일 가능성이 많기 때문이다. 그래서 평균 1개월에 1명 정도 성공자에 초점을 맞추어 면밀하게 추적 조사를 실시했다.

아침부터 밤까지 함께 있을 수는 없으나 특수한 항목, 예를 들어 자동차 안에 어떤 장치가 있느냐는 것은 함께 자동차를 타 보면 쉽게 알 수 있다. 테이프레코더가 있고 메모장이 있으며 카메라와 책꽂이가 있는 등등을 쉽게 알 수 있다. 또 집에 있는 서재나 회사의 방을 찾아가 보면 그 사람의 기호를 눈으로 확인할 수 있다. 메모를 정리하는 방법은 어떠하며 사고방법이 어떠한가도 몇 번 만나고 있는 사이에 자연히 알게 된다.

조사결과에서 알 수 있는 것

이같은 방법으로 작년 여름까지 꼭 100명의 이른바 성공자를 추적했다.

나는 그것을 논문으로 만들어 발표할 생각도 없고 처음부터 나에게 도움이 될 것이라는 개인적인 욕망과 흥미로써 시작한 일이므로 여기서는 핵심적인 패턴만을 소개하기도 한다.

① 100명 중 92명이 차 안에 메모장을 갖추고 있었다.

② 100명 중 33명이 차 안에서 테이프레코더를 들을 수 있는 장치를 마련하고 있었다.

③ 100명 중 15명은 차 안에 그때 그때의 인기있는 책을 두고 있었다.

④ '하루 평균 몇통의 자필 편지를 쓰십니까?'라고 100명에게 질문하였는데, 최고가 13통, 최저는 0통, 평균적으로 4.6통이었다.

⑤ 정보 정리에는 약 40%가 펄 소트(Fall Sort)카드를 이용하고 있었다.

⑥ 텔레비전 프로그램 중, 주로 보는 것은 뉴스, 실황 중계, 기행물 등이고 멜로 드라마와 같은 것에는 거의 흥미가 없었다.

⑦ 거의 모두가 즉시 처리자였다. 여러 가지 문제가 제기됐을 때, 그 자리에서 처리할 수 있는 것을 뒤로 미룬 사람은 100명 중 3명밖에 없었다.

⑧ 과거의 일이 화제가 된 것은 술자리에서나 있었고 지난 일에 대해서는 언급하지 않는 특질이 있었다. 무슨 일이 있어서 반성은 하지만 후회는 하지 않는 타입의 사람이

많았다.

⑨ 겸허하고 상대를 민망스럽게 만들지 않으려고 배려하는 사람이 73명, 안하무인으로 거만한 사람이 4명, 나머지 사람은 보통이었다.

⑩ 한가지 일을 깊이 파고들기 보다는 여러 가지로 색다른 일에 흥미를 나타낸 사람이 80％ 이상 되었다.

⑪ 집과 회사가 모두 잘 정리 정돈되어 있었다.

⑫ 미술 공예에 흥미를 가진 사람이 67％를 차지하고 있었다.

이들의 공통점을 내 나름대로 정리해 보았다.

성공자에게는 한가지의 공통된 패턴이 있다.

① 반드시 메모를 하는 버릇이 있다. 그리고 그 후, 내용정리에는 펄 소트 카드와 같은 분류하기 쉬운 상법을 활용한다.

② 시간관리를 잘 한다.

③ 자필 편지를 부지런히 띄운다.

④ 올라운드 맨이다.

⑤ 실천력이 강하다.

⑥ 과거에 구애받지 않는다.

⑦ 타인과의 인간관계 유지 능력이 우수하다.

⑧ 겸허하다.

대충 이상과 같다.

47. 경영 간부는 심리학을 연구할 것

스트레스 시대의 미숙련자 연구

프러스트레이션(욕구불만)과 스트레스의 시대

경영자나 관리자는 말할 것도 없고 모든 사람이 타인과 원만한 인간관계를 갖지 못하면 즐거운 인생을 보낼 수 없게 된다.

또 사업이나 목적도 이룰 수 없게 된다. 앞으로는 사람이 사람으로서의 자유로움, 제멋에 사는 자기만족 등 특성이 여러 면에서 발휘되는 시대가 곧 닥쳐 올 것이기 때문이다.

따라서 심리학적 지식을 되도록 많이 알고 그 구체적 응용방법을 아는 사람이 인생의 승리자가 될 것이다.

현대를 프러스트레이션(욕구불만)과 스트레스의 시대라고 한다. 그리고 미숙련자(未熟練者) 사회이기도 하다. 그러므로 심리학적 연구는 먼저 이에 대한 이해부터 시작해야 한다.

소득 증대, 물품 과잉과 함께 인간의 욕구불만은 생리적인 것에서 소외감적(疏外感的)인 것으로 바뀌었다. 현대인들의 최대 관심사는 어떻게 소외감을 해소하느냐 하는 것이다.

보통 소외감이라고 하면 '사람들한테서 따돌림을 받고 있는 듯한 느낌'이나 '비인간적인 상태에 놓여 있는 듯한 느낌'을 말하는데, 이 소외감적 불만이 쌓이면 사람은 정동반응(情動反應)을 나타내기도 하고 노이로제에 시달리기도 하며 의사유희(疑似遊戲) 반응을 일으키기도 한다. 그림 25에 이런 감정의 움직임과

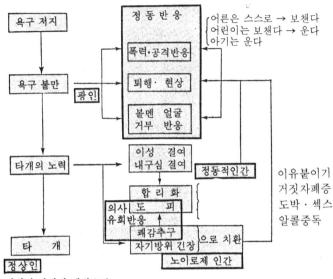

〈그림 25〉 프러스트레이션이 야기시키는 반응과 행동

이에 수반되는 행동을 제시했다.

필경, 기업은 하나의 목적을 가진 조직이므로 프러스트레이션이 일어나지 않도록 할뿐만 아니라, 만약에 일어나더라도 해소시키는 기쁨을 사원들이 가질 수 있는 시스템을 마련해야만 한다.

그리고 레저나 쇼핑의 뜻과 관련시켜 '정동반응이나 의사 유희반응이 사회적 규범의 테두리 안에서 합리적으로 추구되는 것'이라고 풀이하고 보면 '프러스트레이션의 해소'를 이해하는 데 도움이 될 것이다.

스트레스도 프러스트레이션과 마찬가지로 주어진 자극에 대해 적절한 반응을 취하게 되면 그 자극이 해소되지만, 자극에 대한 반응능력이 없거나 지나친 반응에서 심신에 유해한 작용을 일으키는 것으로 '① 긴장하여 ② 침착성이 없고 ③ 화를 잘 내며,

〈표 34〉 미숙련자를 정상인으로 회복하는 방법

① <u>친화감</u>과 <u>성공감</u>을 충족시켜 준다.

　　↓　　　　　↓

　한패에　　인정해
　끼워준다　준다

② 믿을 수 있는 것은 자기뿐임을 일깨워 준다.

　때로는 적극적으로 고독하게 만든다.

　✻ 고독은 정동(情動)의 통제자인 이성을 높인다.

　　그러나 결코 쾌감을 안겨 주는 것은 아니다.

③ 미래에 정열을 기울이게 해준다.

　✻ 최악의 환경에서도 정열을 불태울 수 있는 미래를 생각하면 이성적
　　이 된다.

④ <u>참가</u>와 <u>독립</u>을 보장해 준다.

　　↓　　　　↓

　안심　　자기확립 (바이탈리티)

④ 아집이 강하고 ⑤ 불만이 마음 한구석에서 떠나지 않는' 심리적 현상이다. 이 '스트레스의 해소'는 다른 것과의 스크럼으로 푸는 것이 최선인데 무엇보다도 우호적인 인간관계 외에는 즉효약이 없다.

미숙련자를 어떻게 정상인으로 회복할 것인가?

스트레스 인간, 정동적 인간, 노이로제 인간을 가리켜 미숙련자라고 하는데 오늘날 젊은이의 대부분이 정도의 차이는 있으나 미숙련자이고 어른에게도 이러한 경향이 증가되고 있다.

이 미숙련자를 어떻게 해서 정상인으로 회복할 것인가가 커다란 사회적 문제로 되어 있는데 이를 위해 표 34와 같은 방법을 생각할 수 있다. 이 방법은 특히 '젊은 청년이 많은 사회'라고 일컬어지고 있는 오늘날, 꼭 알아 둘 필요가 있는 심리학적 지식

이다.

이런 기본적인 것 외에도 나는 늘 130항 가량의 심리 원칙을 응용하고 있다.

그 중에서 중요한 것을 10가지만 골라 소개한다.

1. 반복의 원칙 : 같은 말을 열번쯤 되풀이 해서 말하면, 설령 그것이 거짓말이라도 정말이라고 믿게 된다.

2. 거울의 원칙 : 마치 거울에 자기 모습이 비치듯이, 제3자에 대한 언어 행동은 제3자가 자기에 대해 하는 언동과 일치하고 있다.

3. 태도선행(態度先行)의 원칙 : 사람은 '…… 답게, ……인 것처럼' 행동함으로써 점차 그것처럼 변해 간다.

4. 예기충족(豫期充足)의 원리 : 사람은 예기한 결과가 충족되면 그때까지의 행동 패턴을 변경할 필요가 없다고 생각한다.

5. 역행억제(逆行抑制)의 원칙 : 기억이 사라지는 것을 막기 위해서는, 기억에서 재생까지 사이에 다른 자극이 끼어드는 양을 줄일수록 효과가 높다.

6. 밸런스 이론 : 사람은 다른 사람과의 애증(愛憎) 관계에서 밸런스를 잡으려 한다.

7. 수위효과(首位效果)와 친근효과(親近效果) : 사람은 한 정보원(情報源)으로 부터 각종 정보를 얻게 될 때, 최초의 정보를 믿는다. 또 다른 정보원에서 수많은 정보를 얻게 되면 그중 마지막에 얻은 정보에 의존한다.

8. 유행심리학 : 근원상품(실용품)의 판매법은 물질적 동질성(同質性)과 심정적 이질성(異質性)을 추구시키는 것이고 사람이나 사치품의 판매법은 심정적 동질성과 물질적 이질성을 추구시키는 것이다.

9. 참여와 독립 : 사람은 자기가 소속된 집단의 규범에 맞추어
   태도를 정하고 행동한다. 그러나 그 원동력은 자유로운 자기
   의 존재의식이다.

10. 회귀(回歸)의 법칙 : 어떤 사람이라도 회귀성(回歸性)은
    70%를 넘고, 혁신성(革新性)은 30% 이하이다.

이러한 지식을 독자들은 하루속히 익혀 주기 바란다.

제 5 장

성공의 노하우

1961년부터 경영 컨설턴트 사업을 시작한 뒤, 수년간은 실패만 거듭하고 있었던 내가 69년경부터는 왜 실패하는 일이 없어졌을까?

여러가지 경험과 지식이 증가했기 때문에……이렇게 말하는 것이 역시 가장 올바른 해답일 것이다.

5장에서는, 어떤 경험이나 지식이 나를 실패에서 성공으로 전환시켰는가를 간단히 소개하겠다.

> 1, 이론적 고찰, 통계적 처리에서 실행(실천)과 인간적 처리로 전환했다.

대학 졸업후 능률 분야에서 근무 해온 나는, 걸핏하면 경영을 기계적·무기적(無機的)인 면에서 파악하려고 했다. 인간이라는 까다로운 존재가 가지고 있는 요소를 무시하고, 알기 쉬운 기계나 시스템으로 경영을 파악하려 했던 것이다. 여러 가지 관련 책을 읽거나 연구하고, 여기에서 도입된 지식과 자료를 통계적으로 처리한다. 그리하여 경영 컨설턴트로서의 어드바이즈나 지도에 그것을 활용한 것이다. 결과는 완벽한 실패였다.

경영은 인간 중심이 되어야 하기 때문에 인간의 '특성 파악'이 무엇보다도 중요하다. 그 인간을 지식이나 이론만으로 파악한다는 것이 거의 불가능하다는 것을 잊고 있었던 것이다. 자전거

가 앞뒤의 두 바퀴로 달리는 데도 어째서 넘어지지 않느냐는
것은 중학생이면 누구든지 알고 있고, 인간이 헤엄을 칠 수 있는
이유를 모르는 고교생은 하나도 없을 것이다. 그러나 연습하지
않으면, 지식이나 이론만으로 자전거를 탈 수 없고 수영도 할
수 없는 것과 마찬가지이다.

따라서, 내 충고가 그것을 의뢰한 기업에서 실행할 수 있는
것인지 아닌지를 생각하고, 그러기 위해서는 어떻게 인간적으로
처리하는 것이 최선의 방법인가 하는 방향으로 전환한 것이다.

여기에서 한순간에 성공적으로 사업이 전개되기 시작했다.
희한한 일이었다. 그러자 더욱 욕심이 생겨 '이론과 실제의 일
치'에 전심전력을 쏟아붓게 되었다. 이것이 '후나이는 안 될 일은
입밖에 안 낸다. 실제로 할 수 없는 이론은 안 만든다. 그는 실천
가이다'라는 말을 듣게 된 까닭이라고 나는 생각하고 있다.

나는 거래 관계에 있는 어느 기업체에 가더라도 사장님에게
"꿈은 클수록 좋고 때론 풍을 떠는 것도 좋아요. 하지만 사장님
이 진두지휘를 하고서도 안되는 일을 부하한테 떠맡기는 것만은
하지 마세요. 명령할 때는 할 수 있게 돼 있는 것, 가능성이 10
0% 있는 것이 아니면 잔소리에요." 이렇게 당부하고 있다. 유능
한 실천가는 불가능한 일이나, 100% 자신이 없는 애매한 일에
손을 대지 않는 법이다.

> 2, 계획이란 틀릴 수 있는 것이다. 따라서 생각하면서 실행
> 하고 실행하면서 변경하는 것이 좋다. 따라서 계획 우선
> 보다는 실천 우선으로 방향을 전환했다.

수없이 실패만 했던 시절의 나는 '최고의 계획은 틀리지 않는
다'고 믿고 있었다. 그랬는데 인간이란 계획을 빗나가게 하는

동물이다. 거기에 인간다움이 있다'는 것을 최근에 와서야 겨우 깨닫게 되었다.

그리고 계획을 빗나가게 하는 명수인 인간은, 그 만큼 적시 처리도 잘하고 또 그렇게 하는 편이 전체적으로 진보가 빠르다는 것도 알게 되었다.

한편, 오늘날은 사회·경제 상황이 걷잡을 수 없이 변천하는 변화의 시대 그리고 치열한 경쟁의 시대이다. 변화와 경쟁의 시대에서 살아남는 방법은 ① 어떤 경우에도 변경하지 않아도 좋은 수법＝일등상법, 정공법 상법을 활용하거나 ② 시류에 맞추어 변환자재로 변하는 길 외에는 방법이 없다.

이 2가지를 믹스(혼합)시켜 때와 장소와 경우에 따라 적절하게 선택적으로 응용함과 동시에 잘 처리할 수 있게 된 것이 최근에 실패를 안 하게 된 이유가 아닐까 한다.

아무튼 인간이라는 것은 죽기살기로 변화를 좋아하는 동물이다. 실천력과 사고력은 어떤 대기업에서도 끊임없이 동시 병행적으로 발휘할 수 있게끔 갖추고 있어야 할 무기인 것이다.

3, 외국식 경영법보다는 일본식 경영으로 전환했다.

경쟁이 없고 시류가 고도성장을 구가하고 있었던 때는 다소의 '엉터리'나 '미스'는 호황속에서 구제받을 수 있었다.

일본의 경영실태, 일본인의 생활관과 맞지도 않는 외국식 경영학, 경영법을 도입하고도 기업은 순조롭게 신장할 수 있었다. 그러나 일단 기업환경이 악화되자, 일본에 적합한 경영학, 일본인에 맞는 경영법이 아닌 것은 기업의 업적에 급속히 악영향을 끼치기 시작했다. 이 중에서 빛을 본 일본식 경영법을 간단히 말하면 다음과 같이 설명할 수 있겠다.

① 일본인은 능력보다는 인간에 대해 돈을 지불한다. 모든 사람을 엘리트로서 대접하고 있는 것이다. 누구에게나 올라운드 맨이기를 기대하고 있다고 하겠다. 이것은 교육수준이 높고 단일 민족인 일본과 같은 나라에서는 최선의 방법이다.

또 다른 관점에서 볼 때, 인간에 대해 돈을 지불한다는 것은 안심할 수 있는 사람에게 돈을 준다는 말이 된다. 따라서 연고채용(緣故採用)은 훌륭한 일본적 채용형태이며, 종신고용이나 역대고용제(歷代雇用制)가 효율적으로 일본에서는 통용되는 것이다.

그렇게 하는 것이 '안심할 수 있는 사람'을 채용할 수 있기 때문이다.

한편, 채용되는 사람도 고용의 정신적 안정성이 무엇보다도 도움을 준다. 일본인은 (A) 안심할 수 있고, (B) 대의명분이 있으며, (C) 인정될 때, 놀라운 에너지(의욕)를 발휘하는데, 이를 위해서는 앞서 말한 의제(擬制) 가족제도적 경영 시스템이 최선의 방법이 된다. 모든 사원이 한집안이고 한 동료가 된다. 따라서 일단 긴급사태가 발생하면 집안(기업)을 위해 가공할 에너지를 발휘하여 난관을 헤쳐나가는 것이다.

일본에서는 기업과 종업원이 각각 별개로서 있는 것이 아니라 일체화 되어 있다. 노사관계도 마찬가지로 서로 대립하는 것이 아니라 일체화 한 이익공동체라고 보는 것이 옳다 하겠다.

② 종적(縱的)인 조직으로 움직이는 것이 아니라 원형 조직으로 움직인다. 일본의 경영은 종적으로는 결코 움직이지 않는다. 특히 경쟁이 격심해짐에 따라 종적 형태는 실패가 많아지고 있다.

'상사는 오직 한 사람이다'라는 따위의 말은 기구표상(機構表上)의 논리이고, 실제로는 변환(變丸)자재, 자유자재로 움직이지 않으면 경쟁에서 이길 수가 없다.

신장하고 있는 기업, 업적이 양호한 기업은 신입사원이라도 직접 사장에게 어드바이즈 할 수 있고, 또 어드바이즈 해 주기를 바라고 있다. 모든 사람이 모든 사람에게 어드바이즈하면서 저마다의 역할에 따라 기업을 위해 일한다. 이것이 일본식 원형조직의 특징이다.

③ 믿고 맡기는 편이, 관리하는 것보다 이익이 된다.

일본인은 무엇보다도 관리당하기를 싫어하는 인종이다. 관리란 계획하고 통제하는 것인데, 계획이나 통제의 밑바닥에는 불신감(성악설)이 있다. 단일 민족, 단일 언어이므로, 얼굴을 보면 상대방의 인품을 알 수 있고 언외(言外)의 뜻까지도 알 수 있는 일본인끼리의 일이니까 믿고 맡기는 편이 모든 면에서 좋은 결과를 만든다.

물론, 믿고 맡기는 이상으로 그 상대방의 능력은 충분히 파악하고 있어야 한다. 능력만 알고 있으면 일일이 관리할 필요가 없다. 따라서 일본에서는 상사의 역할이 조정역(調整役)일 때 가장 효과가 좋은 것이다.

④ 신상(信賞)은 좋으나 필벌(必罰)은 좋지않다(이에 대해서는 제1장 9항에서 말했으므로 설명은 생략한다).

이 밖에도 일본식 경영에는 여러가지 특성이 있다. 재판보다도 협상을 소중히 여긴다거나, 개인 능력보다 그룹 능력으로 움직인다는 것 등등이다. 그러나 무엇보다도 일본식 경영의 강점은 인간중심형 경영이기 때문에 무슨 일에 부딪히면 임기응변, 변환자재로 움직일 수 있다는 점이다. 다음에서 이 점을 설명하겠다.

> **4, 일이나 조직 중심의 시스템에서 인간중심의 시스템으로 전환했다.**

시스템에는 다음 표에 제시하는 네가지 형태가 있다.

> **시스템의 4형태**
> ① 사람 중심
> ② 일 중심
> ③ 조직 중심
> ④ 시스템 중심

이 중에서 변환 자재로 가장 잘 움직일 수 있는 것이 사람중심의 시스템이다. 이것은 어떤 사태에 대해서도 제일 간단히, 그러면서도 실수없이 적응할 수 있다.

그러나 일 중심인 경우에는 일의 내용에 변화를 주려면 상당한 기간이 소요되고, 조직 중심인 경우도 꼼짝달싹 못하게 룰화되고 규정되어 있게 마련이므로 변화대응이 매우 어렵다.

시스템 중심인 경우도, 사람이 기계처럼 부분화 되어 있어서 시스템 전체를 바꾸지 않고서는 변화에 대응할 수가 없다.

사람에 따라 일이 정해지고 그리고 조직이 이루어지고, 기업이 변화해 간다…… 이것이 일본 기업의 한 발전사라고 볼 수 있으며 거기에 일본식 경영의 기반이 있다고 해도 과언이 아닐 것이다.

> **5, 마케팅 부분에서는 후퇴에서 공격으로 전환했다. 또한, 기습작전에서 요새 확보전략으로 전환했다.**

나의 제일 주특기는 마케팅이다. 따라서 나의 과거 실패는 대부분이 마케팅 지도의 실패였고 최근에 와서 성공의 주된 이유는 마케팅 부문에서의 성공이다.

(1) 이전에, 계속 실패만 하고 있었을 즈음, 나는 흔히 다음과 같이 어드바이즈 했다.

① 전문화 하세요. 상품 아이템을 줄이고, 또 구매처를 좁히세요.

② 경쟁상대가 약한 것을 다루도록 하세요. 빈틈을 노려야 합니다.

③ 기계화·자동화로 인건비를 줄이세요. 재고도 줄이시고…… 라고.

지금도 경영서를 읽어보거나, 여러 선생님들의 이야기를 들어보게 되면 경쟁대책법으로서, 이전에 내가 실패했던 앞서 말한 사항들이 줄거리로 되어 있다. 그러나 나는 그대로 하여 실제로는 숱한 실패를 되풀이 해 왔던 것이다.

(2) 최근의 나는 먼저 다음과 같이 어드바이즈 하고 있다.

① 1등상품이 필요하다. 누구의 공격을 받더라도 끄떡없는 난공불락의 요새와 같은 자신 있는 상품을 반드시 확보해야 한다. 그러나 그것만으로는 장사가 안된다. 2등상품도 있어야 하고, 그 밖의 상품도 많으면 많을수록 좋다…… 라고. 나는 한가지의 전문화 된 으뜸가는 상품을 중심으로, 잡동사니 포진을 하지 않으면 장사가 안 된다는 의견의 소유자이고, 그 실천자이다.

구체적으로는 경합이 심해지더라도, 서비스나 취급 상품의 것＝이른바 전문화나 축소화는 절대로 해서는 안된다는 방침을 수년전부터 일관해 왔다. 경합이 심해지면 심해질수록, 보다 새로운 것을 지금 있는 것에 덧붙여서 경합에 대응해야만 한다는 것이 내 생각이다. 실제로, 이렇게 함으로써 어김없이 100％ 성공해 왔던 것이다(업적이 좋을 때는 컷해도 된다).

② 경쟁상대가 약한 것을 고를 것이 아니라 가능하면 강한 것을 다루는 편이 낫다고 어드바이즈 하고 있다. 빈틈이 있거나

상대가 약한 것에는 지금과 같은 경합 격화의 시대에 상식적으로 보더라도 좋은 것이 있을 턱이 없다. 상대가 강한 것=시장이 가장 강하게 요구하고 있는 것을 어떻게 다루느냐가 지금으로서는 최선의 방법인 것이다.

여기에는 후나이류 마케팅론의 근간을 이루는 '능력 상응, 일등확보론' '집중론' 이나 랜체스터의 '약자 학대론'이 좋은 참고가 될 것이다.

③ 생력화(省力化)나 재고품 줄이기보다도 자본생산성을 향상시키는 데 주력해 달라고 어드바이즈하고 있다(졸저《실천 소매 세미나》참조).

지금 경영에서 제일 유의할 점은, 설비투자에 신중을 기해야 한다는 점이다. 기존의 설비를 풀 회전시키는 일이 더 중요하다. 그러기 위해서는 생력화나 재고품 줄이기보다도, 사람과 물량을 투입해서라도 매출과 매출총이익의 확보에 전력투구 해야 한다.

6, 최근의 나의 발상에서

《후나이류 경영법》이라는 본서의 제명에 첨가시켜 최근의 나의 발상의 일단을 소개하겠다.

1) 낭만과 비젼, 사명감에 대한 반성으로 뒷받침된 경영 이념이 무엇보다도 필요하다. 이 경영이념은 시류에 적응하는 것이라야 하며 자연이나 환경의 보호, 인간성의 존중이 그 기본이 되어야 한다.

2) 재무면에서는 자기자본 비율의 개선에 전력투구를 할 필요

가 있다. 타인 의존형·돈 빌려 장사하는 경영의 시대는
끝났다. 투자는 그것에 상응하는 수익에 완전히 자신있는
것 외에는 하지 말아야 한다.

3) 영업보다도 총무나 인사가 중요한 시대가 왔다. 더욱이,
   총무·인사 담당자는 영업을 아는 사람이라야 한다.

4) 마케팅 부문에서는 어쨌든 마이너스를 없애야 하고 만들지
   말아야 한다. 경쟁에는 이겨야만 한다. 이기기 위해서는
   안심할 수 있는 마케팅 전략을 마련해야 한다.

5) ① 안심할 수 있는 사람, ② 의욕이 있는 사람, ③ 재수가
   있는 사람을 채용하고 집안 의식을 가질 수 있는 경영 정책
   을 취해야 한다.

6) 사람을 양성함에 있어서는 스페셜리스트를 만들기보다
   올라운드 맨을 만드는 쪽이 상책이다.

7) 자기는 자기가 지켜야 한다. 그러자면 능력이 필요하다.
   능력이 없으면 남을 신용할래야 할 수가 없다. 남을 믿고
   일을 맡기려면 먼저 자신이 힘을 지녀야 한다. 스위스가
   영세중립국으로 제2차 대전을 넘길 수 있었던 것도 군사력
   을 보유하고 있었기 때문이다.

8) 무엇이 시류에 적응하는지를 찾고 생각하기보다, 1등 상법
   을 취하든지 남보다 더 열심히 뛰는 쪽이, 지금 시대에는
   필요하다.

9) 가장 적절한 규모를 알 것. 여기에 경영의 큰 노하우가 있다. 생각컨대 로드(rod)는 사람의 개입도(介入度)에 따라 정해지는 것 같다.

10) 체질에 맞지 않는 일은 좀체 호감이 가지 않는다. 딴사람에게 맡기는 것도 꺼림칙하다. 따라서 남이 아무리 권하더라도 체질에 맞지 않는 일은 해서는 안된다.

11) 장사가 신바람나게 되어야만, 그리고 이익이 나야만 사람이 오고 정보도 들어온다. 그래야만 계획도 세울 수 있다. 따라서 이윤이 없는 기업의 경영자는 우선 묵묵히 벌어들이는 데 전념해야 한다. 이익이 생기면 무슨 말을 해도 무방하고 또 좋은 계획을 세워도 된다.

12) 자신이 없는 일, 납득이 안되는 일, 법적으로 석연찮은 일은 하지 말자. 지금은 한 가지 실패가 기업을 망치기까지 하는 시대이다. 철저하게 실패하지 않도록 노력하자.

13) 확대보다도, 절약하는 시대이다. 따먹기보다도 따먹히지 않는 것이 중요하다.

14) 갈등이나 고난에 부딪히거든 살며시 감싸버리자. ① 맞닥뜨리거나, ② 힘으로 억누르거나, ③ 뒷걸음질 하기보다도 살며시 포용하는 것이 제일 좋다. 이것이 경쟁의 비결이다.

15) 실패는 있다. 그러나 이것을 도중에서 성공으로 전환시키면

성공의 연속이다. 성공의 연속이야말로 지금 경영자에게
요구되는 가장 중요한 포인트의 하나이다.

16) '절대'라는 것은 생명체가 생명을 잃는 일, 곧 죽음밖에는
없다. 경영에서 절대를 믿는다는 것은 바로 죽음과 통한
다. 절대 따위는 있을 수 없다는 것을 명심하자.

후   기

어제 다카나와(高輪)의 프린스 호텔에서 본서의 머리말만
쓰고 오후에는 도쿄에서 일을 보고 어제저녁에 집으로 돌아와서
오늘 아침부터 본문의 개정을 시작했다.
지금 나는 다음과 같은 마음가짐으로 살아가고 있다.
① 즐겁게 즐겁게, 언제나 생글생글,
② 실패를 하더라도 실패라고 생각말고 실패를 성공으로 전환
   시키고,
③ 단순 명쾌를 무엇보다 좋아하고,
④ 딴사람한테 맡길 수 있는 일은 되도록 맡기고,
⑤ 즉시주의를 언제나 실행하고,
⑥ 남에게 빚지는 일은 하지 말고,
⑦ 남을 질시하지 말고,
⑧ 사람을 가리지 말고 누구든지 좋아하고,
⑨ 제약은 되도록 삼가고 살아간다.
⑩ 자신이 없는 일은 하지 않고,
⑪ 마음의 문을 활짝 열고,
⑫ 남한테 피해를 주지 않는 한, 하고 싶은 말을 하고, 하고
   싶은 일을 하며 살아가는, ……행복한 사나이이다.
   (요즈음, 40대 후반이라는 나이 탓인지)
⑬ 산천초목, 서화(書畫)나 정원에 점점 흥미가 붙고,

⑭사람 손이 간 것보다도 '자연의 것'을 좋아하는 마음이 서서
히 더해지고 있다.

히바리가오카(雲雀丘)의 자택에서

저　자

저자약력──────────────────────

● 1933년 오오사카에서 출생. 교토대학 졸업.
● 일본 산업심리연구소 연구원. 일본 매니지먼트협회・경영 컨설턴트.
  경영지도부장 이사 등을 거쳐 1970년 (주) 일본 마아케팅센터 설립.
● 현재 후나이그룹(후나이총합연구소) 총수
● 경영 컨설턴트로서는 세계적으로 제1인자. 고문으로 있는 기업체만도
  유통업의 과반이 넘는 대기업체를 중심으로 약 1,300사. 지난 10년간
  후나이의 지도로 매상이 90배 이상, 이익이 180배 이상 성장한 기업은
  100개사 중 60개사로서 그 중 도산된 회사는 하나도 없음.
● 주요저서 〈성공의 노하우〉〈인간시대의 경영법〉〈성공을 위한 인간
  학〉〈21세기 경영법칙 101〉〈패션화시대의 경영〉〈매상고 향상 비법〉
  〈베이식 경영법〉〈신유통 혁명〉〈유통업계의 미래〉등 다수.

개정판 2021년 9월 30일
발행처 서음미디어(출판사)
등록 2009. 3. 15 No 7-0851

서울特別市 東大門區 新設洞 114의 7
Tel 2253-5292
Fax 2253-5295

企 劃
李 光 熙
發行人
李 光 熙
著 者
船井幸雄
編 譯
最高經營者硏究院
Printed in korea
정가 15,000원